Bernhard Zünkeler studierte Rechtswissenschaft und Kunstgeschichte, promovierte zum Dr. jur. und arbeitete mehr als zwölf Jahre als Anwalt in der Wirtschaft. 2009 machte er seine Passion zum Beruf und wurde Mitgründer des Forschungsinstituts artlab21, das mit dem Urban Art Lab ESMoA in Los Angeles das Entwicklungspotenzial von Diversität untersucht. Schwerpunkt seiner Arbeit in Deutschland bilden Art-Works-Inspirationsprojekte in Wirtschaft und Verwaltung, die mit zahlreichen Preisen wie dem German Design Award ausgezeichnet wurden. Seit 2018 ist er Mitgründer des Künstlerkollektivs *Freeters*.

Über zehn Jahre hat der Filmemacher und Grimme-Preisträger Aljoscha Pause die Projekte von Bernhard Zünkeler verfolgt. Daraus ist die Langzeit-Dokumentation „Art is a State of Mind“ entstanden, die ab Juni 2022 von 3sat ausgestrahlt wird. Zünkeler lebt und arbeitet in Berlin und Los Angeles.

In seinem neuen Buch „*Juicy Gray – Plädoyer für einen Atlas der Kreativität*“ reflektiert Zünkeler über die Erfahrungen seiner bisherigen Projektpraxis in Industrie und urbaner Kulturlandschaft. Dabei kommt er zu überraschenden Schlussfolgerungen, die unsere Sichtweise über die Rolle von Kreativität und Innovation in unserer Gesellschaft und im Leben jedes einzelnen nachhaltig verändern können.

Bernhard Zünkeler

00 Der Fall

1 Kreativität ist kein Zufall,
sondern unser Spiel mit dem Zufall.

2 Diversität ist keine Frage der Moral,
sondern eine Überlebenstechnik.

3 Synergie ist kein Nebenprodukt,
sondern die Quelle von Mehrwert.

4 Träume sind keine Schlafhüter,
sondern Wegbereiter von Realität.

5 Emotionen sind keine Störfaktoren,
sondern Sensoren unserer Motivation.

6 Innovation wird mit Akribie nicht
planbarer, aber mit Leichtigkeit
bestimmt machbarer.

7 Fragilität ist kein Qualitätsmangel,
sondern der Beginn von allem Nachhaltigen.

08 Die Aufgabe

Der Fall

1A

Was geht in dir vor, wenn du das Wort Kreativität liest? Bist du genervt, weil es sich wie ein alberner Modebegriff aus esoterischen Kreisen anhört? Freust du dich, weil dich menschliche Schaffenskraft schon immer fasziniert hat? Oder lässt es dich inzwischen kalt, weil dieser Begriff viel zu oft aus der ewigen Mottentruhe geistiger Errungenschaften geholt wird? Geht es dir genauso bei dem Begriff Innovation? Hast du genug davon, weil ständig jemand versucht, dir alten Wein in neuen Schläuchen zu verkaufen? Oder begeistert es dich, wenn Menschen immer wieder Herausforderungen mit frischen Ideen begegnen? Vielleicht gehst du ja inzwischen gelangweilt vorbei, wenn das I-Wort selbst bei Einführung der neuesten Haarbürste kursiert und gleichzeitig im digitalen Innovationsstau inflationär an dir vorbeisegelt. Du ahnst es, es ist kein leichter Fall, von dem hier die Rede sein wird.

Manche Fälle werden einem zur Bearbeitung angetragen. Manche Fälle sucht man sich selbst. Und wieder andere Fälle entwickeln sich solange vor der eigenen Tür, bis sie vor einem stehen und man nicht mehr an ihnen vorbeikommt. Einige dieser Fälle lassen sich schnell lösen. Andere ziehen sich über Jahre. Und ganz besondere Fälle sind so kompliziert, dass sie kaum lösbar erscheinen. Und mit genau solch einem komplizierten Fall befasse ich mich nun schon eine ganze Weile und plädiere eindringlich für die Entwicklung eines ganzheitlichen Lösungsansatzes.

Das erste Mal begegnete mir der Fall in meiner Zeit als Wirtschaftsanwalt. Damals hatte ich sehr viel mit Umstrukturierungsprozessen zu tun. Dabei vertrat ich zumeist die Arbeitgeberseite und musste die Arbeitnehmerseite von den Vorteilen der anstehenden Innovationen überzeugen. In diesem Zusammenhang war viel die Rede von Synergien und kreativen Lösungsansätzen für die Zukunft. Dann aber habe ich meine Berufung, die ich seit Jugendtagen verspüre, zum Beruf gemacht und mich der Konzeptkunst zugewandt. Auch hier begegnete mir der Fall in unterschiedlichen Konstellationen. Diesmal änderte sich die Blickrichtung ein wenig. Es ging jetzt mehr um die Einbringung von Diversität, die kreative Verwirklichung von Träumen und die Wertschätzung von fragilen Momenten. Im Zentrum stand aber auch hier der Fall. In mühevollen Sitzungsrunden und Pilotprojekten zeichnete sich langsam ein klareres Bild ab. Der Fall ist: Wie können uns Kreativität und Innovation voranbringen, ohne uns gleichzeitig ins bodenlose Nichts zu ziehen?

Ich habe mir in den letzten Jahren oft diese Fragen gestellt und schwanke auch heute noch täglich zwischen den Antworten. Mir kommt es manchmal so vor, als ob die Erwähnung von Kreativität und Innovation eher als Hilferuf zu verstehen ist. Gerade dort, wo die Worte besonders häufig genannt werden, bin ich in den vergangenen Jahren auf Bastionen von Beharrungsvermögen gestoßen (*Abbildung 2A,* zeigt dir den entsprechenden Startspielraum meiner bisherigen Projekte). Angesichts der gewaltigen Herausforderungen, die eine globale Wirtschaft in einer digitalen Welt mit sich bringen, bin ich allerdings zu der Überzeugung gelangt, dass es sich lohnt, den gesamten Fall noch einmal aufzurollen, um endlich einen Lösungsmechanismus zu finden. Weil du dieses kleine Buch in Händen hältst, nehme ich an, dass dir zumindest Teile des Falles nicht unbekannt sind und du ähnlich gemischte Gefühle dazu hast. Was nützen uns also Kreativität und Innovation? Helfen sie uns in der gegenwärtigen Situation?

Die progressive Stimme in mir antwortet stets mit einem beherzten „Ja“. Die konservative Stimme in mir kontert skeptisch mit „vielleicht“. Fest steht für mich allerdings, dass wir – damit meine ich die jetzt lebenden Generationen – wie kaum andere Generationen zuvor an einer besonderen Gabelung der Menschheitsgeschichte stehen. Manch einer hat schon das Anthropozän, also das Zeitalter des Menschen, ausgerufen. Darf es da ein einfaches „Weiter so“ geben, das offenbar nicht funktioniert? Oder sollen wir blindlings in eine neue Richtung laufen, uns noch unwohler fühlen und weitere Konflikte heraufbeschwören? Wir wollen nicht unentschlossen in einer offensichtlichen Konfliktzone verharren, und wir wollen auch nicht mit den wachsenden Wellen einer Sintflut oder nächsten Pandemie von Mutter Natur entsorgt werden. Deshalb scheinen wir uns endlich auf einen Ausgleichsmechanismus geeinigt zu haben, der für beide Probleme eine gute Lösung bereithält. Das Zauberwort heißt Nachhaltigkeit Kurz: Wir wollen nachhaltig sein und nachhaltig handeln. Nachhaltigkeit scheint der richtungsgebende Fixstern zu sein, auf den sich Wirtschaft und Gesellschaft verständigen konnten, um unserer

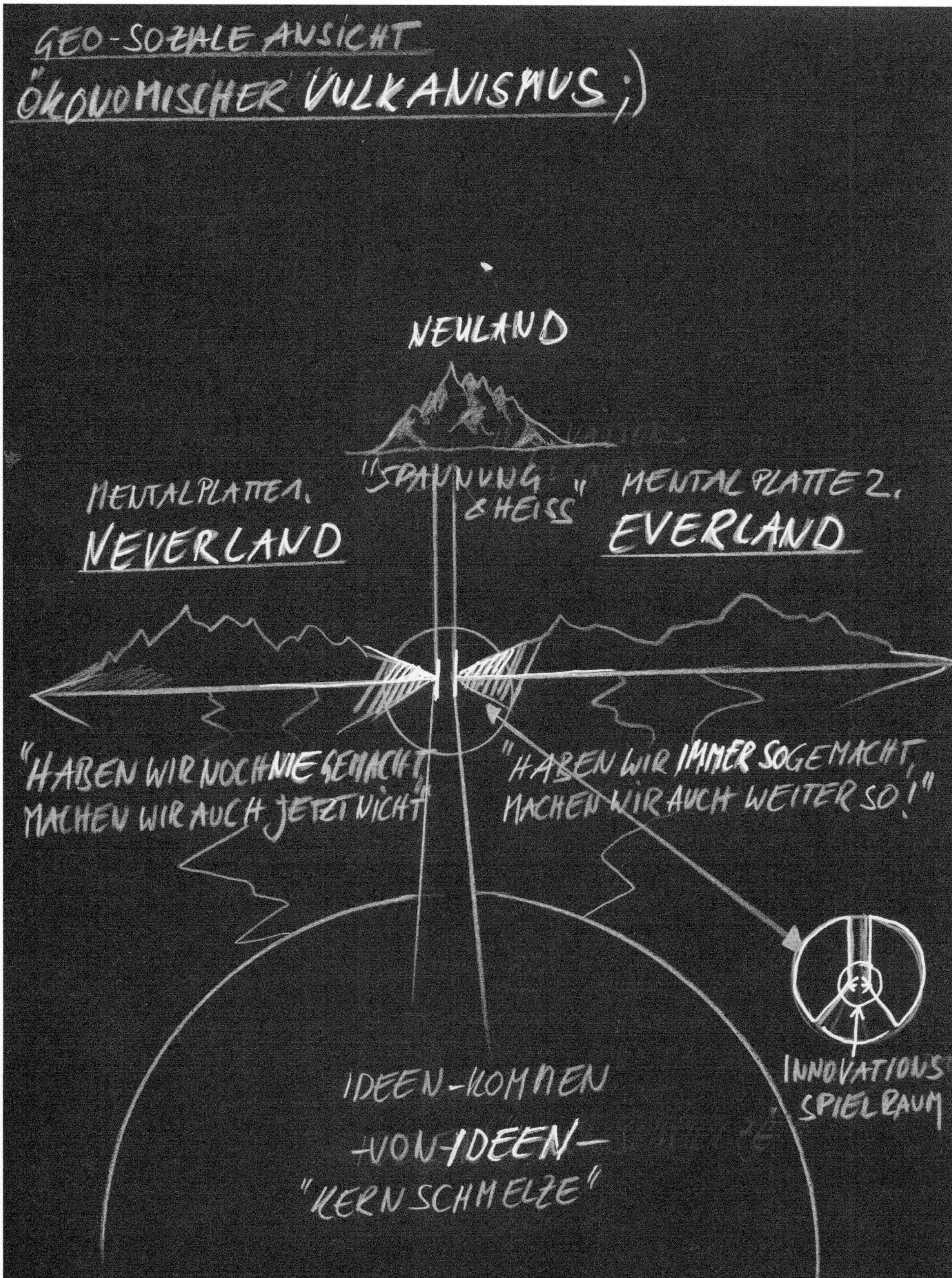
GEO-SOZIALE ANSICHT
"ÖKONOMISCHER VULKANISMUS ;)
NEULAND
"SPANNUNG & HEISS"
MENTALPLATTE 1.
NEVERLAND
MENTALPLATTE 2.
EVERLAND
"HABEN WIR NOCH NIE GEMACHT, MACHEN WIR AUCH JETZT NICHT"
"HABEN WIR IMMER SO GEMACHT, MACHEN WIR AUCH WEITER SO!"
INNOVATIONS SPIELRAUM
IDEEN-KOMMEN
-VON-IDEEN-
"KERNSCHMELZE"

Kreativität und Innovation einen Sinn zu geben. Fall endlich gelöst. Könnte man meinen. Doch wenn man sich die vermeintliche Lösung genauer ansieht, stellt man fest, dass die Verbindung von Nachhaltigkeit, Kreativität und Innovation nur der erste Schritt zu einem Lösungsmechanismus sein kann.

Denn zunächst einmal klingt Nachhaltigkeit wie ein offensichtlicher Widerspruch zu Kreativität und Innovation. Nachhaltigkeit schmeckt vom Wortlaut her nach Erhaltung, Bewahrung und Sicherheit. Nun lässt sich zweifellos darüber streiten, was Nachhaltigkeit eigentlich bedeutet. Die Auslegungen des Begriffes ranken zumeist um zwei Bedeutungspole. Zum einen verstehen wir darunter die Kraft, durch unser Handeln eine langanhaltende Wirkung zu entfalten. Zum anderen begreifen wir Nachhaltigkeit als eine Eigenschaft, sich mit unserem Dasein möglichst spurlos in unsere Umwelt einzugliedern. Statt einer Zauberformel offenbart sich mit dem Begriff Nachhaltigkeit also eher ein menschliches Paradox: Wir wollen langanhaltende Wirkung erzielen, aber uns gleichzeitig unbemerkt in die Natur einfügen. Das klingt schwierig. Böse Zungen würden behaupten, unmöglich Denn unser Ego hat dabei auch noch ein Wort mitzureden. Wir träumen von unsterblichem Ruhm oder der unsterblichen Seele und sollen gleichzeitig absolute Bedeutungslosigkeit riskieren. Wie passen diese Pole nun zusammen? Während das eine vertraut und doch (größen-)wahnsinnig klingt, kommt einem das andere zwar vernünftig, aber uns Westlern gleichwohl wenig verlockend vor. Wie kann dieses augenscheinliche Paradox zu einem sinnstiftenden Leitmotiv unserer Schaffenskraft und unseres Erneuerungswillens werden? Womit fängt Nachhaltigkeit an? Die Antwort auf diese Frage liegt weniger auf der Hand, sie steckt in unserem Kopf.

Ich habe zur Auflösung dieses Verständnisknotens eine Weile gebraucht, dann aber einen ganz persönlichen Zugang gefunden. Auch wenn du für dich einen eigenen Standpunkt finden musst, so will ich dir an dieser Stelle meine Startinspiration verraten. Hoffentlich kann sie dir dabei helfen, deinen eigenen Blick auf Nachhaltigkeit, Kreativität und Innovation zu finden. Mein Ansatz beginnt mit etwas, was die meisten von uns mit Nachhaltigkeit verbindet – mit der Geschichte der eigenen Familie. Jeder, jede von uns stammt von unzähligen Generationen von Müttern und Vätern ab. Sie hinterlassen in uns einen intimen Abdruck der Nachhaltigkeit. Meistens ist er uns jedoch nicht bewusst, wir erkennen ihn allenfalls an offensichtlichen Familienähnlichkeiten. Und damit sind wir beim entscheidenden Punkt. Zwar reden wir in unserer Gesellschaft immer wieder vom Generationenvertrag, aber glauben wir wirklich daran? Wir sehen diese Chance zur persönlichen Verbindung mit Nachhaltigkeit eigentlich nur, wenn sie buchstäblich vor uns steht. Deswegen haben wir alle zumeist noch eine starke mentale Verbindung zu unseren Eltern oder Großeltern. Das Verständnis für die vorhergehenden Generationen lässt dagegen deutlich nach. Ich habe bisher nur sehr wenige Menschen getroffen, die die Geburtsnamen ihrer Urgroßeltern kannten. Und noch keinen, der seine Ururgroßeltern mit Vornamen hätte anreden können. Wie steht es mit dir? Kannst du diesen persönlichen

Zugang zum nachhaltigen Bewusstsein nutzen? Und weißt du, was deine Vorfahren Kreatives und Innovatives gemacht haben?

Meistens blenden wir diesen Zugang zur Vergangenheit aus. Das ist auch gar nicht schwer. Vergangenheit ist eine Galaxie, zu der es keine reale Verbindung zu geben scheint. Wie kommen wir also auf den Gedanken, dass es bei unserer Ur- und Ururenkelgeneration anders sein sollte? Wieso sollten sie sich später an uns erinnern wollen, wenn wir uns in die andere Richtung auch nicht an unsere Vorfahren erinnern? Vielleicht sind wir aber auch so distanziert, weil wir gar nicht wissen wollen, was zukünftige Generationen wirklich über uns denken. Vielleicht ist uns diese Art der Nachhaltigkeit auch unangenehm, weil es sehr viel leichter ist, schwierige Herausforderungen in eine unpersönliche Zukunft zu verschieben und unschöne Verantwortung in einer unpersönlichen Vergangenheit zu belassen. Das Leitmotiv unseres Handelns bleibt in diesem eingeschränkten Nachhaltigkeitsverständnis überschaubar und fügt sich in die lineare, monokausale Richtung unseres vernünftigen Denkens von Ursache und Wirkung ein. Ich höre schon, wie wieder jemand mahnt: Wir brauchen einfache Lösungen, die sofort wirken! Lasst es um Himmels willen nicht zu komplex und unübersichtlich werden! In diesem Sinne sollen wir Kreativität und Innovation bitte klar einordnen und auf ein schnell passendes Ergebnis fokussieren. Wir nennen das dann Effizienz und freuen uns, dass es wunderbar als Nachhaltigkeits-Placebo wirkt. Ich hatte das Glück, dass wir in der Familie immer sehr offen über die Vergangenheit mit all ihren Verwerfungen gesprochen haben. Dabei hat sich eine Geschichte ganz besonders in meine Erinnerung eingebrannt. Für mich steht sie wie kaum eine andere für Kreativität und Innovation und zeigt zugleich die Ambivalenz von nachhaltigem Handeln. Es ist die Geschichte des Großvaters meiner mir noch sehr lebhaft vor Augen stehenden Oma, sprich meines Ururgroßvaters Friedrich Koepe. Er lebte als gelernter Bergbauingenieur im Ruhrgebiet. Der Steinkohlenbergbau stand dort Mitte des 19. Jahrhunderts vor dem Aus, weil die Kohle für einen weiteren wirtschaftlichen Abbau zu tief gelagert war. Damals wurde die Kohle, vereinfacht gesagt, mittels Seilwinde nach oben befördert.
Je tiefer die Kohle lag, umso länger und schwerer wurde das Zugseil. Die benötigte Kraft für den Antrieb und der Bau von meterdicken, burgartigen Fördertürmen brachten die damalige Technik an ihre Grenzen. Als kleiner Junge hat es mich immer fasziniert zu hören, wie mein Ururgroßvater sich mit seinem kleinen Team daranmachte, eine neuartige Förderung mittels „endloser“ Seilschleife samt Gegengewicht und einer Treibscheibenförderung zu entwickeln.
Danach konnte man nahezu beliebig tief einfahren und musste unter Ausnutzung der Gravitation des Gegengewichts nur noch das Kohlen- und nicht mehr das Seilgewicht befördern. Das einseitige Zugprinzip wurde durch ein Rotationsprinzip revolutioniert.
Was ich an der Geschichte aber nie verstanden habe, ist, wie mein so cleverer Urahne nicht erkennen konnte, dass sein Ansatz, Menschen unter Tage zu befördern, für den Rest der Menschheit – und nicht nur im heute stillgelegten Bergbau

3A

des Ruhrgebietes – eine unglaubliche Wirkung über Tage entfalten würde. Der Hochbau wurde durch leistungsfähige Aufzüge neu beflügelt und legte die Grundlage für heutige Großstädte. Wie so oft hatte eine kleine Idee in einem bestimmten Bereich gewaltige Auswirkungen in einem völlig anderen Umfeld.

Mir zeigt diese Geschichte mit all ihrer Ambivalenz, dass uns Monokausalität und vereinfachte Polarisierung kaum je langfristig und nachhaltig voranbringen. Deswegen wundert es mich auch nicht, dass wir ständig auf Paradoxe stoßen, die unsere Gedankenkonstruktionen zum Einsturz bringen – und wir dennoch weitermachen. Wir können da von uns selbst lernen. Statt in Frustration zu verharren und darüber zu verzweifeln, weshalb sich das Leben anders verhält als geplant, sollten wir unseren Blickwinkel auf Nachhaltigkeit, Kreativität und Innovation verändern. Bei mir hat die Geschichte meines Vorfahren drei Überlegungen in Gang gesetzt:
Erstens, dass es sich lohnt, auch in der Vergangenheit nach interdisziplinären und interkulturellen Lösungsprinzipien zu suchen. Zweitens, dass Gegenwart nicht als fokussierte Einbahnstraße funktioniert, sondern es immer um Kreisläufe und ein Netzwerk an Wechselwirkungen geht. Und drittens, dass Zukunft für uns nur generationsübergreifend zu verstehen und organisieren ist. Auf diese Weise lässt sich vielleicht auch der eingangs erwähnte Widerspruch bei der Interpretation von Nachhaltigkeit auflösen – jedenfalls dann, wenn wir mit Kreativität die natürlichen Kreisläufe verstehen lernen und mit ihnen in Einklang leben.

Bei meinen Vergangenheitsbetrachtungen stellte ich fest, dass die Menschheitsgeschichte oft Phasen voller wundersamer Erkenntnisse erlebt hat, die unsere bisherigen Vorstellungen weit übertrafen. Wir haben in solchen unübersichtlichen Zeiten immer nach einem strategischen Muster gesucht, um eine „Landkarte“ zu erfinden und unsere Schaffenskraft zukunftstauglich auszurichten. Auf der einen Seite konnte so unser Wundern, Forschen und Entdecken munter weitergehen, auf der anderen Seite wurde unser Sicherheitsbedürfnis durch Ordnung und Systematisierung befriedigt.

Das einprägsamste Beispiel für so eine beidseitige Arbeitsaufteilung fand ich in der beginnenden industriellen Revolution. Zu dieser Zeit steckte die moderne Chemie noch in den Kinderschuhen. Keiner konnte auch nur annähernd mit Bestimmtheit sagen, was chemische Elemente sind. Keiner wusste, wie sie sich zusammensetzen und erst recht nicht, wie sie sich zueinander verhalten. Erst durch den Chemiker Dmitri Mendelejew, der anhand von messbaren Suchhypothesen begann, Elemente nach ihren periodisch verteilten Eigenschaften zu sortieren, eröffneten sich ungeahnte Potenziale im Umgang mit eben diesen Elementen. Plötzlich verstanden wir, dass es durchaus gesetzmäßige Verbindungen zwischen den Elementen gibt und diese genutzt werden können, um die zuvor als zufällig angenommene Besonderheiten nachzuvollziehen. Das von Mendelejew erfundene Periodensystem der Elemente ist wahrscheinlich eines der durchschlagendsten Grundlagensuchinstrumente, auf das wir auch heute noch unser Denken aufbauen.

Deshalb plädiere ich eindringlich dafür, dass wir uns eine nachweisbare Suchsystematik auch für die Entfesselung von Lösungspotenzialen bei allen anstehenden Fragen der Nachhaltigkeit, Kreativität und Innovation erschließen. Trotz unglaublicher Erkenntnisgewinne der vergangenen Jahrzehnte steckt die moderne Neurologie und

Psychologie in Bezug auf unsere Kreativität ebenfalls noch in den Kinderschuhen. Daher kann es sinnvoll sein, ein vergleichbares Suchinstrument wie das Periodensystem auch für die Elemente unseres kreativen Denkens und Handelns aufzustellen. Dabei rückt die unförmige, saftig-gräuliche Masse, die wir unser Gehirn nennen, unweigerlich in den Vordergrund. Saftiges Grau oder neudeutsch Juicy Gray ist deshalb auch kein Bedeutungswiderspruch oder nur ein Buchtitel, sondern hoffentlich ein Wegweiser, um Nachhaltigkeit, Kreativität und Innovation zusammenzudenken.

Die saftig-graue Masse verbindet uns in unterschiedlichsten Varianten über Jahrmillionen mit der Steuerung physiologischen Lebens und ist dennoch immer ein ganz individueller Prototyp des Weiterdenkens in eine unbekannte Zukunft. Es ist einen Versuch wert, sich auf die systematische Suche nach den Elementen unserer Schaffenskraft zu machen. Natürlich unterscheiden sich chemische Elemente in Aufbau und Verbindungssystematik von der Phänomenologie unserer Gemüts- und Bewusstseinszustände. Deshalb wird es in einer ersten Bearbeitungsphase unserer „Search engine" darum gehen, die in uns liegenden Basis- oder Meta-Einflussfaktoren auf unser Denken und Handeln zu identifizieren. Das wird mangels streng abgrenzbarer Kriterien zuerst eine phänotypische Betrachtung sein, die sich im Rahmen interdisziplinärer und interkultureller Überprüfung verdichtet. Elemente sind hier also weniger physikalisch, sondern eher physiologisch-psychologisch zu verstehen. Vereinfacht gesagt: Es geht hier nicht so sehr um klare Kante, sondern eher um komprimierte Gedankenknotenpunkte und Verarbeitungsareale.

In einer zweiten Bearbeitungsstufe sehen wir uns dann die Verbindungslinien und Überschneidungsareale dieser Phänotypen an. Bei diesem Schritt wollen wir synaptischen „Pathways" nachspüren, die unsere Überlegungen miteinander vernetzen. Deswegen würde man bei unserem Suchsystem auch vom „PathwayNet of Creative Phenotypes" sprechen. Ich weiß, das klingt akademisch gestelzt. Deswegen habe ich als eingängigeren Ausdruck das poetische Juicy Gray gewählt. Wenn dir das alles verwirrend vorkommt, dann erinnere dich einfach an die Analogie des Periodensystems. Denn letztlich ist es überfällig, endlich systematisch, fachübergreifend, interkulturell und ganzheitlich nicht nur über Chemie, sondern über unser Denken nachzudenken. Dabei geht es nicht nur um mehrere Hundert Arbeitstechniken zur Stimulation von einigen dieser kreativen Phänotypen (zumeist sind es Inspiration, Imagination, Gewohnheitsbildung/Sucht und Intention). Aus meiner Sicht ist ein solcher Suchmechanismus zum ganzheitlichen Mitdenken dringend geboten, weil wir die Potenziale unseres Denkapparates immer noch falsch verstehen und völlig unterschätzen. Letztlich wird es um Millionen von Techniken gehen, denen wir auf die Spur kommen können und die auch programmierbar werden. Genau das möchte ich anhand der folgenden Argumente darlegen und dich zum gemeinsamen Denken einladen.

4A

4A

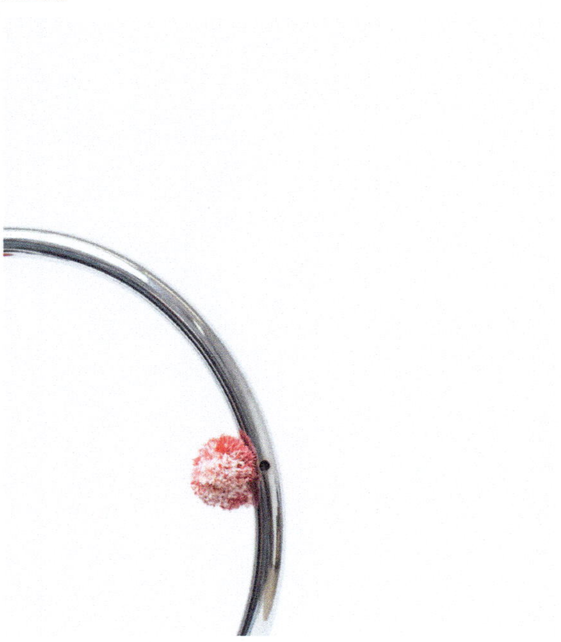

1A Inner Circle
Projekt: Projekt Plädoyer Atlas
Künstler: Bernhard Zünkeler
Material: Buntstift, Papier
2022

2A Spielraum
Projekt: Artist-in-Residence-Programm ESMoA
Künstler: Bernd Zöllner
Material: Fotografie, Expedition
Airplane-Graveyards Mojave Desert
2010

3A ESMoA-Experience Stardust
Projekt: ESMoA-Experience Stardust
Künstler: Bernhard Zünkeler
Material: Öl auf Leinwand
2018

4A Wheelchair
Projekt: Freeters, Telekom-Headquarters
Künstler: Silke Mattern-Specht
Material: Alter Bürostuhl, Wolle, Stoff
2016

5A Skript-Sketch
Projekt: Projekt Plädoyer Atlas
Künstler: Bernhard Zünkeler
Material: Tinte, Bleistift, Papier
2022

6A Kapt'ns Space
Projekt: Freeters, Refresh Iglo
Künstler: Freeters
Material: Alte Soßen-Wannen, Mixed Media
2015

Juicy Grey

Plädoyer

für einen Atlas

[redacted] der Kreativität

Der Fall ⇒ Kreativität + Innovation = Nachhaltigkeit

Ansprache Du?
persönlich zu nah?
⇒ eigene Erfahrung? Inspiration
Was ist mit Bergwerks-Erfindung Zu lang?
⇒ unten ⊕ oben ⊖
wichtig: Logik-Transfer
⇒ Analogie: Periodensystem, Vorsicht!
Such-Logik
⇒ Synapsenverbindung
= Pathways

zu nah!
eher Kontinent
des Unbestimmten

WARUM ??

⇒ ARG 1 KREATIVITÄT ZUENG
⇒ ARG 2 DIVERSITÄT NUR AUSGLEICHS BEWUSSTSEIN
⇒ ARG 3 SYNERGIE MEHR ALS NUR ENERGIEEINSPARUNG
⇒ ARG 4 TRÄUME SIND VISIONEN FÜR DIE REALITÄT
⇒ ARG 5 EMOTIONEN SIND WICHTIGER TEIL VON UNS
⇒ ARG 6 INNOVATION, OHNE PLAN ZUM ERFOLG
⇒ ARG 7 FRAGILITÄT: ROHES EI FÄNGT ALLES AN

Die Aufgabe ⇒ Hilfe bei der Suche
Baustelle

5A

6A

Argument

1

Kreativität ist kein Zufall, sondern unser Spiel mit dem Zufall.

1B

Argument 1.

Wir verstehen Kreativität in der Regel als exklusives Gut und damit zumeist falsch. Dafür gibt es viele Gründe. Schauen wir uns aber zuerst die lateinischen Wurzeln des Wortes Kreativität an. Es lässt sich auf das Verb creare zurückführen. Creare bedeutet so viel wie (er)schaffen, erzeugen und bewirken. Man kann Kreativität also guten Gewissens mit Schaffenskraft gleichsetzen. Schaut man sich die Nuancen der Wortwurzel an, erscheint es gerechtfertigt, unter Kreativität unsere grundlegendste Fähigkeit zu verstehen, überhaupt etwas ins Leben zu rufen. Damit wäre Kreativität ein Sammelbegriff, der sich auf alles erstreckt und geistige wie körperliche Geburtsstunden mit einbezieht. Diese umfassende Auslegung führt zu der Ansicht, dass Kreativität in letzter Konsequenz die Fähigkeit ist, die uns überhaupt erst zu Menschen macht.

Aus diesem Grund bin ich immer wieder erschrocken, wenn Menschen von sich behaupten, sie wären nicht kreativ. Das klingt fast wie eine Abwehrhaltung, als würden sie es ablehnen, Verantwortung zu übernehmen. Vielleicht fürchten sie, dass ihnen grundsätzlich nichts einfällt und sie sich so die Rolle eines „Geburtshelfers" nicht mal im Bereich der Ideenfindung zutrauen dürfen. Das stimmt mich regelmäßig traurig. Es fühlt sich für mich so an, als ob diese Menschen ein wichtiges Stück ihres eigenen Menschseins nicht erkennen könnten.

Es mag sein, dass es sich hier um ein sprachliches Missverständnis handelt. Landläufig wird Kreativität mit Attributen und besonderen handwerklichen Fähigkeiten gleichgesetzt, mit denen die meisten von uns das letzte Mal im Kunstunterricht in der Schule zu tun hatten. Die ungelenken Strichmännchen, die dann noch im Erwachsenenalter gekritzelt werden, empfinden viele als peinliches Manko. Statt es aber fehlender Übung oder einer mangelnden inneren Offenheit zuzuschreiben, wenden sie den Vermeidungsautomatismus nicht selten auf ihre gesamte Lebensführung an. Oft habe ich erlebt, dass diese Fehleinschätzung auf jegliche Art von spontaner Gestaltung des Lebens ausgeweitet wird. Was bei stereotypen Liebesbriefen, steifem Spiel mit Kindern oder eintönigen Urlaubsreisen vielleicht noch ausgeglichen werden kann, wächst sich im Wirtschaftsleben in der Regel zu einem echten langfristigen Nachteil aus, wenn es um fehlenden Unternehmergeist und mangelndes Verantwortungsbewusstsein geht. Deswegen halte ich ein schulisch und sprachlich einschränkendes Verständnis von Kreativität für bedenklich. Zeigt es doch, dass die Betreffenden den vielseitigen Möglichkeiten und Stimulationen ihrer geistigen und körperlichen Fähigkeiten oft unbewusst schon vor Jahren die Flügel gestutzt haben.

Fragt man nach Kreativität, so begegnet einem häufig eine nicht minder problematische Spielart der selbstbeschränkenden Resignation: Kreativität hat man, weil es das

Schicksal gut mit einem meinte – oder man hat sie eben nicht. Dann ist man gezwungen, mit Verstand an die Sache zu gehen. Im persönlichen Kontakt gewinnt man häufig den Eindruck, dass es die „kreativen Spinner" mit den „vernünftigen Pragmatikern" zu tun haben. Je ausgefallener die Ideen der einen, umso bedingungsloser schlägt das Imperium der anderen zurück. Das ist besonders ärgerlich, weil diese Dialektik kein trennender Vorgang sein muss, sondern eigentlich als Abstimmungsprozess in jedem von uns angelegt ist und einen wichtigen Teil unseres kreativen Denkens ausmacht.

Noch ärgerlicher ist es, dass wir die vielen Elemente unseres kreativen Denkens in ihren unterschiedlichen Spielarten und Anwendungsmöglichkeiten gar nicht mehr erkennen. Oft habe ich erlebt, wie einzelne Fähigkeiten wie Intuition, Imagination, Inspiration und Improvisation undifferenziert in einen Kreativbegabtentopf und ebenso undifferenziert die Fähigkeiten wie Abstraktionsvermögen, Disziplin, Sorgfalt und Intention in den Vernunftbegabtentopf geworfen werden. Dabei handelt es sich nur um einen Bruchteil unserer Kreativfähigkeiten – und diese treten von Natur aus in unserem Kopf nicht gegeneinander, sondern miteinander an.

Statt also in Grabenkämpfen und Stellvertreterkonflikten von Kreativen auf der einen Seite und Vernünftigen auf der anderen Seite zu verharren, sollten wir lieber schauen, was unsere umfassende

Kreativität ausmacht und wie wir alle durch sie miteinander verbunden sind. Die Verbindungslinien reichen weit in unsere Vergangenheit zurück und um ideologische Grabenkämpfe von vornherein zu vermeiden, lohnt es sich dabei im Sinne eines „First Principle Reasoning" weit vorne anzufangen. Ein bisschen habe ich Angst davor, dich an dieser Stelle zu verlieren, deswegen bitte ich vorab um ein wenig Geduld. Ich werde trotz des gewaltigen Themas versuchen, mich aufs Notwendigste zu beschränken.

Von Beginn an ist jedes Lebewesen auf diesem Planeten den physikalischen Dimensionen Raum, Zeit, Energie und Materie ausgesetzt gewesen. Durch die vier uns bekannten physikalischen Kräfte, also Gravitation, Elektromagnetismus, kleiner und großer Atomkraft, werden diese Dimensionen miteinander verbunden. Wir nennen diese Verbindungen, soweit sie sich uns offenbart haben, Naturgesetze. Diese Naturgesetze wirken um uns, aber natürlich auch in uns. Um es ganz klar zu sagen: Wir alle sind ein Ergebnis des ewigen Zusammenspiels dieser Naturgesetze, ein Zusammenspiel, das sich ständig von Neuem organisiert. Selbst die Aufgeklärtesten unter uns tun sich schwer, es zu benennen, geschweige denn vollends zu verstehen. Die meisten von uns Menschen geben diesem Zusammenspiel seit Jahrtausenden einen göttlichen Charakter. Manche nennen es Schicksal, andere sagen dazu Freiheit. Ich möchte es der Einfachheit halber bewusst verkürzt

3B

als Zufall bezeichnen. Im Zuge dessen könnte man also sagen, dass wir nicht nur ein Ergebnis des ständigen Zusammenspiels der Naturgesetze sind, sondern in unserer Existenz ein Spiel mit dem Zufall.

Jedes Stück Materie, alle Moleküle, die sich in uns verbinden, jeder Energiefluss in unserem Körper, jede Bewegung durch Zeit und Raum sind im Prinzip eine Antwort auf den Zufall. Betrachten wir also vor allem die Steuerungszentrale dieser Antworten genauer. Wenn wir uns gemeinsam im Zeitraffer die Entwicklung des Gehirns über Jahrmillionen anschauen, so erkennen wir, grob gesagt, vier sehr unterschiedliche Stadien. Die Basissteuerung unseres Stamm- und Kleinhirns reicht sehr weit zurück und verbindet uns mit großen Teilen des Tierreichs. Das Stammhirn wird nicht ohne Grund auch Reptilienhirn genannt. Darüber hat sich der mittlere Teil unseres Hirns mit diversen Ausprägungen ausgebreitet, wobei das limbische System heraussticht, weil es besonders wichtige Steuerungsaufgaben übernommen hat. Umgeben werden diese Hirnmassen durch die Großhirnrinde, die uns mit vielen anderen Säugetieren verbindet, wenn auch nicht in dieser Ausprägung. Jüngster Bereich unseres Hirns und, wenn man so will, der Prototyp, der uns lehrt, auf die Zufälle des Lebens einzugehen, sind die Präfrontallappen hinter der Stirn. Hier vermuten wir unseren inneren Verfassungsgerichtshof, unsere letzte Entscheidungsinstanz, wenn es um Antworten für die Zufälle des Lebens geht. In all diesen Gehirnteilen entstehen wesentliche Impulse für unsere Denkleistung und damit für unsere Kreativität. Wir sind erst ganz am Anfang, die unterschiedlichen Wirkzusammenhänge der Hirnareale zu erkennen. Wir haben auch noch keine Ahnung davon, wie die Arbeitsteilung unserer eigenen Nervenzellen im Vergleich zur Grundsteuerung durch unser Mikrobiom, sprich aller Fremdzellen in unserem Körper, aussieht. Wir vermuten inzwischen zwar, dass es nahezu die gleiche Anzahl von Fremd- und Eigenzellen sind, aber wie das Wechselverhältnis aussieht, das bleibt zu erforschen. Schon die alten Römer wussten, dass voller Bauch nicht gern studiert („Plenus venter non studet libenter"). Von daher sind wir bei der Begutachtung unserer Kreativität und Denkleistung gut beraten, mit hierarchischen Betrachtungen und unseren bisherigen „Vernunftsdenken" ein wenig vorsichtiger zu hantieren.

Schon aus diesem Grund plädiere ich dafür, sich genau anzuschauen, wie unser Gehirn mit Raum, Zeit, Energie und Materie umgeht und wie sich die Antworten in den einzelnen Hirnarealen zu einem Ganzen formieren. Es spricht derzeit viel dafür, dass es zwischen ihnen Verbindungswege gibt, die sich immer wieder neu ergeben und vielen Klischees und Vorurteilen entziehen. Hier befindet sich bereits ein wunderbarer Ansatz für die Aufstellung eines Periodensystems des kreativen Denkens und Handelns. Wir könnten auf diese Weise jede geistige Fähigkeit als eine Art Molekülverbindungen begreifen und irgendwann sogar als individuelle Synapsenverbindungen erkennen, um sie dann gezielt pflegen zu können. Statt also unsere Kreativität in einzelne Teilbereiche zu unterteilen, sollten wir in einem ganzheitlichen Versuch erkennen, wie sich Leitgedanken verbinden und trainieren lassen. So könnte ein Atlas der Kreativität entstehen.

Vielleicht würden wir dann den engen Zusammenhang von Inspiration, Imagination, Intention, Gewohnheitsbildung, Intuition, Improvisation und Kooperationsbereitschaft zu einem möglichen Pathway der Innovation besser verstehen. Im Sinne eines „Reverse

4B

Engineering“ könnten wir die einzelnen Stellschrauben genauer betrachten, um Widersprüche aufzulösen und weiteres Wissen systematisch und ganzheitlich zu sammeln. Es ist aus meiner Sicht sinnvoll, wenn wir wechselseitig Überprüfungen und Hypothesen aus so fernen Disziplinen wie Linguistik, Poesie, Musik, Kunst und Sport sowie Chemie, Biologie, Neurologie, Psychologie und Soziologie zusammenbringen. Ein Modell der systematischen Zusammenschau würde diese Aufgabe sicherlich erleichtern. Vielleicht würde es dann auch den meisten von uns nicht mehr so schwerfallen, sich selbst als kreativ zu bezeichnen, weil man wüsste, dass die Antwort auf den Zufall in jedem von uns wohnt. Mit der Selbstsicherheit, eine Antwort geben zu können, steigt dann mutmaßlich auch die Bereitschaft, Verantwortung zu übernehmen.

1B Roadtrip
Projekt: Artist-in-Residence-Programm ESMoA
Künstler: Rebecca Lowry
Material: Expedition Joshua-Tree National Park Kooperation
2010

2B Wüstenschiff
Projekt: Artist-in-Residence-Programm ESMoA
Künstler: Bernd Zöllner
Material: Fotografie, Expedition Airplane-Graveyards Mojave Desert
2010

3B Flow
Projekt: ESMoA-Experience Stardust
Künstler: Bernhard Zünkeler
Material: Film-Still auf Papier
2018

4B Würfelspiel
Projekt: Freeters, Kick-off atruvia
Künstler: Silke Mattern-Specht
Material: Alte Sitzwürfel, Mixed Media auf Leinwand
2019

2.

Diversität ist keine Frage der Moral, sondern eine Überlebens-technik.

1E

Argument 2.

Unser Verständnis von Diversität greift zu kurz, um die Konflikte der Zukunft zu lösen. Wir brauchen einen weitergehenden Lösungsansatz. Wir betrachten Diversität zumeist aus einer reinen Konfliktvermeidungsperspektive. Viele Jahre haben wir uns deshalb mit guten Gründen für die Vermeidung von Ungleichbehandlungen eingesetzt. Wir haben diesen Grundsatz sogar in unserer Verfassung festgeschrieben. In Artikel 3 des Grundgesetzes heißt es, dass vor dem Gesetz alle Menschen gleich sind und niemand wegen seines Geschlechtes, seiner Abstammung, seiner Rasse, seiner Sprache, seiner Heimat und Herkunft, seines Glaubens, seiner religiösen und politischen Anschauungen oder seiner Behinderung benachteiligt oder bevorzugt werden darf. Das ist ein sehr hohes Gut. Nach vielen Konflikten haben wir aus grausamen Erfahrungen der Vergangenheit gelernt, was passiert, wenn man Menschen genau aus diesen Gründen diskriminiert. Nach meiner Überzeugung reicht dieses Verständnis aber leider nicht zur Lösung der Grundkonflikte. Diskriminierung ist hier wohl eher ein Symptom. Die eigentliche Ursache liegt in unserem zivilisatorisch gefassten Fehlverständnis von Diversität. Antidiskriminierung ist eben noch keine Bejahung unserer Diversität.

Du kannst dich jeden Tag im Spiegel betrachten oder auf die Straße gehen, um dich zu vergleichen. Wir alle sind einzigartig. Jeder Einzelne von uns. Kein Lebewesen ist genau wie das andere. Kein Fels und

2E

kein Fluss steht und fließt wie der andere. Nicht einmal eine Schneeflocke ist genauso wie die andere. Elemente finden ständig neu zueinander. Diversität scheint eine Art Grundgesetz des Kosmos zu sein. Nichts erscheint eindeutig und absolut. Ambivalenz und Grauzonen scheinen nicht die Ausnahme zu sein, sondern Wesensteil unseres Daseins. Wir sehnen uns nach klaren Verhältnissen, aber letztlich ist alles relativ. Das haben schon wesentlich klügere Köpfe erkannt, trotzdem wollen wir immer an Eindeutigkeit glauben. Dabei findet sich diese Eindeutigkeit nicht einmal in uns selbst. Unsere Erinnerungen, unser Handeln – es wechselt ständig. Wir sind in Bewegung. Panta rhei, alles fließt, haben schon Heraklit und Platon vor über 2000 Jahren gemutmaßt. Deswegen werde ich auch misstrauisch, wenn mir jemand etwas als absolut klar darstellen will. Im Gegenteil, ich würde sogar so weit gehen, zu behaupten, dass die Natur langfristig jeden aussortiert und hinwegfegt, der versucht, das Paradigma der Diversität und Einzigartigkeit durch Monokulturen und klare Grenzen zu beseitigen. Ich denke, die Natur setzt nie alles auf eine Karte. Sie lässt manches vielleicht gerade deshalb überleben, weil es nicht der Norm entspricht, die wir setzen. Natur mag uns gnadenlos erscheinen, aber sie setzt sich nach meiner Beobachtung langfristig immer für Abweichendes ein. In dieser Konsequenz ist die Beachtung von Diversität für mich eigentlich eine Überlebenstechnik.

Gleichzeitig lernen wir, dass ein isoliertes Verständnis von Dingen kaum aufrechtzuerhalten ist. Wir sind alle einzigartig, aber wir sind nicht allein. Alles ist miteinander vernetzt. Der berühmte Schmetterlingseffekt ist kein Filmmotiv, sondern vollzieht sich jeden Tag auf unendliche Weise. Auch wir sind Teil dieser ewigen Verbundenheit. Auch das haben schon klügere Menschen festgestellt, auf die ich mich gerne beziehe. Verbundenheit betrifft uns persönlich, unsere Familien, aber auch unsere Wirtschaft und die jeweilige Gesellschaft, in der wir leben. Die neuesten Erkenntnisse aus der Genetik zeigen uns, dass der Baum des Lebens in uns um einiges verzweigter ist, als wir bisher angenommen haben. Wir sind den Milliarden Jahre alten Viren und Bakterien mehr verbunden als gedacht. Und wir ahnen, dass da noch viel mehr Erkenntnisse kommen werden. Die Infrastrukturen und technologischen Vernetzungen, die wir inzwischen sogar mit Satellitentechnik geschaffen haben, um global miteinander zu kommunizieren, sind da nur das jüngste Phänomen einer uralten Verbindungsgeschichte.

Wir fangen langsam an, grundsätzlicher an das Thema heranzugehen. Unser Bewusstsein für Biodiversität im Umgang mit der Natur und das Bewusstsein darüber, dass die Zerstörung von natürlichen Grundlagen eben nicht die anderen betrifft, sondern aufgrund der Vernetzung auch auf uns selbst zurückfallen kann, wächst immer mehr. Gleiches gilt für unser Bewusstsein im Sinne einer notwendigen Inklusion. Dennoch sind wir noch meilenweit von einem Lösungsansatz entfernt, wie wir unsere individuelle Einzigartigkeit wertschätzen können und gleichzeitig unser aller Verbundenheit gerecht werden. Du wirst es bereits ahnen: Auch hier liegt die Antwort nicht auf der Hand, sondern steckt in unserem Kopf. Ich empfehle dringend, dass wir uns auch unter dem Gesichtspunkt der Diversität unser Denkorgan genauer anschauen. Hier finden sich viele Anregungen, wie wir es seit Urzeiten geschafft haben, mit unserer Einzigartigkeit dennoch in einem einvernehmlichen Verhältnis zu unserer Umwelt zu leben. Kreativität und Innovation beschäftigen unser Gehirn schon sehr lange. Damit meine ich Zeiten, die so weit zurückreichen, dass ihnen möglichst keine der heutigen ideologischen, kulturellen oder fachdisziplinären Vorverständnisse im Wege stehen.

Leider habe ich neuerdings oft das Gefühl, dass wir uns von unseren technologischen Fortschritten selbstverliebt blenden lassen und deswegen weniger geneigt sind, in den Zeiten nach Antworten zu suchen, in denen es noch keine mechanischen, hydraulischen oder elektronischen Instrumente gab. Wir vergessen einfach, dass die ältesten und wirksamsten Techniken wesentlich weiter zurückreichen, als es uns die magisch anmutenden Magnetresonanz- oder Computertomografie-Methoden vormachen. Damit möchte ich keinesfalls diese nutzbringenden Analyseinstrumente in ihrem großartigen Potenzial unterbewerten. Ich kann mir aber gut vorstellen, dass wir noch weitaus mehr aus ihnen herausholen, wenn wir sie beispielsweise stärker interdisziplinär und grundsätzlicher einsetzen. Ich habe die Erfahrung gemacht, dass wir Diversität und auch einzigartige Entwicklungen nicht in ihrem Vernetzungspotenzial erkennen, sondern sie eher als Abgrenzungs- und Ausschlusskriterium benutzen. Meistens steckt dahinter ein Fokussierbedürfnis, um sich effizient zu konzentrieren. Das ist bezogen auf die Handlung des Einzelnen sehr verständlich, im größeren Kontext allerdings schädlich. Ich möchte dir gern anhand von zwei Beispielen aus unserem Repertoire der Ursprungstechniken verdeutlichen, was ich mit dieser provozierenden Bemerkung meine.

Wenn wir uns zum einen anschauen, was in unseren Kommunikationstechniken steckt, dann stellen wir schnell fest, dass sie in unserem Kopf seit alters her Spuren hinterlassen haben, die uns auch heute noch stark beeinflussen. Nehmen wir das Wort Mut, eine Eigenschaft, die wir mit dem Sprung ins Unbekannte verbinden. Es deutet auf eine herausragende unternehmerische Eigenschaft hin, die immer schon mit Kreativität und Innovationsbereitschaft in Verbindung gebracht wurde. Es vergeht auch heute noch kein Tag, an dem nicht vom „Mut unternehmerischer Entscheidungen" geredet wird. Das Wort hat eine sehr muntere Geschichte hinter sich. Bei Wikipedia lässt sich nachlesen, dass das Wort Mut die indogermanische Wurzel mo in sich trägt, was so viel wie „sich mühen, starken Willens sein, heftig nach etwas streben" bedeutet. Unsere germanischen Vorfahren haben daraus die Bezeichnung moda entwickelt, die im heutigen Kontext etwa Sinn, Mut, Zorn bedeutet. Im Althochdeutschen wurde daraus muot, was Sinn, Seele, Geist, Gemüt und insgesamt die Kraft des Denkens, Empfinden und Wollens meint. In der weiteren Entwicklung hat sich aus dieser germanischen Sprachwurzel ein ganzes Sortiment an unterschiedlichen Bedeutungen herausgebildet (vgl. *Abbildung 3E.* interessant erscheint mir in diesem Fall auch die geschlechtliche Einordnung der Wortbedeutungen).

Im englischen Sprachraum erfuhr diese germanische Wurzel ein etwas anderes Schicksal. Während man dort das heutige Wort Mut mit der lateinisch verwurzelten Bezeichnung courage übersetzen würde, steht das englische Wort mood noch für eine alte generelle Stimmungsbeschreibung. Courage trägt die Worte cor und agere in sich. Mut heißt danach, „mit dem Herzen zu handeln". Im Chinesischen gibt es erstaunlicherweise auch zwei Wurzeln in Form eines gepaarten Schriftzeichens, die wir heute mit Mut übersetzen. Youn, was so viel wie Kraft bedeutet, und Qi, was viele grundlegende Bedeutungen wie Energie, Luft, Atmen und Fluidum in sich

Der Mut

f.	m.
die Anmut	der Frohmut
die Sanftmut	der Leichtmut
die Demut	der Freimut
die Armut	der Langmut
die Wehmut	der Großmut
die Schwermut	der Edelmut
	der Gleichmut
	der Lebensmut
	der Todesmut
	der Wagemut
	der Kampfesmut
	der Übermut
	der Wankelmut
	der Missmut
	der Unmut
	der Hochmut
	der Kleinmut

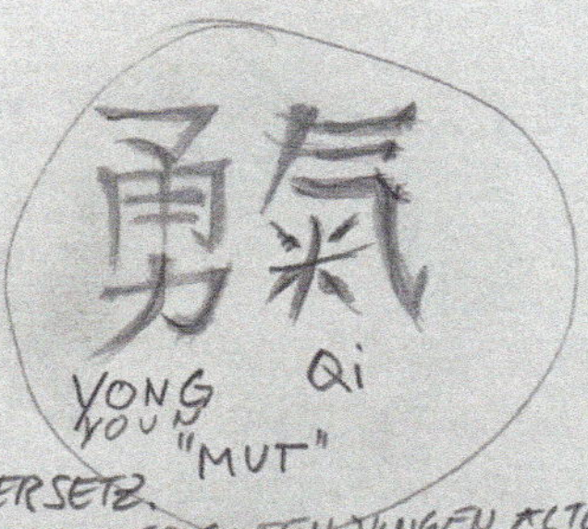

ÜBERSETZ. LAUT EINER GUTEN JUNGEN ALTEN FREUNDIN SHAOYI
SIE SAGT ES GÄBE KEIN GUTES DEUTSCH-CHINESISCHES WÖRTERBUCH. SHAOYI HABE ICH ALS ANNA KENNENGELERNT. IN TAIWAN GEBEN SICH KINDER IM ENGLISCH UNTERRICHT EINEN NEUEN NAMEN, DAMIT SIE BESSER IN DIE SPRACHE FINDEN. VIELLEICHT SOLLTEN WIR DAS AUCH MAL MACHEN!

■ = ⊕
■ = (+ −)
■ ⊖

Was will uns das sagen?

Was ist Mut in indisch, persisch, kisuaheli
und all den anderen Sprachen?

4E

vereint. Manche sagen, es geht hier darum, die Seele in Schwingung zu bringen. Gerade diese sprachlichen Parallelitäten von offensichtlich weit voneinander entfernt gebildeten Sprachen zeigen, dass in unserem Kopf doch einiges gleichbedeutend ausgerichtet ist. Gleichzeitig gibt es natürlich auch gewaltige Unterschiede, die über die Jahre ausdifferenziert wurden. Beides können wir in einem Lösungsmechanismus als Anregungen verarbeiten – nicht nur um Missverständnisse zu beseitigen, sondern gerade auch um aufgrund des Dualismus von Diversität und Verbundenheit neue Erkenntnisse über unser Selbstverständnis zu erlangen. Dabei darf natürlich nicht vergessen werden, dass Mut nicht nur als Sprachwurzel existiert, sondern sich auch aus realen sinnlichen und körperlichen Erfahrungen zusammensetzt, die schon vor ihrer sprachlichen Bezeichnung ihre Spuren in unserem Kopf hinterlassen haben. Wir sind einfach viel intelligenter, als wir es für möglich halten.
Das Zusammenspiel von Diversität und Verbundenheit hat uns Unmengen an Lösungsparametern hinterlassen, die wir nur aufdecken müssen, um der Ursache von Konflikten auf die Spur zu kommen.

Ein anderes Beispiel für die Nutzungsmöglichkeiten der Diversität zeigt sich in unseren unterschiedlichen Adaptionstechniken. Lange vor der Entwicklung von Maschinen haben wir es gelernt, mit Defiziten auf vielfältige Weise umzugehen. Das betrifft irgendwann jeden im Leben, viele glücklicherweise erst im hohen Alter. Meistens haben wir auch hier eine starke Vermeidungsperspektive entwickelt. Anders, fremd und defizitär im Vergleich zur gefühlten Norm wird tendenziell als unerwünscht und negativ begriffen. Das ist aus persönlicher Sicht verständlich. Keiner möchte benachteiligt werden. Gesellschaftlich haben wir deshalb solidarische Ausgleichsmechanismen etabliert. Aus evolutiver Sicht denke ich jedoch, dass die Natur Andersartigkeit und Defizite immer zum Anlass nimmt, um das jeweilige System weiterzuentwickeln und gerade Adaptionsfähigkeiten weiter auszutesten. In diesem Sinne sollten wir individuelle Schwächen als kollektive Stärken begreifen. Diversität und Andersartigkeit sind eine Chance, als Kollektiv besser zu werden. Statt uns also als Gesellschaft nur mit Ausgleichsmechanismen zu befassen, sollten wir gerade auch genauer hinschauen, welche faszinierenden Fähigkeiten Menschen entwickeln können und schon entwickelt haben. Ich bin davon überzeugt, dass wir hier ganz Außergewöhnliches unbemerkt an uns vorbeiziehen lassen, weil wir so sehr mit Ausgrenzung, Vermeidung und Ausgleich beschäftigt sind. Allein die vielen unglaublichen Adaptionsfähigkeiten, die geflüchtete Menschen notgedrungen in der jüngeren Zeit entwickeln mussten, könnten uns ein ganz anderes Wertverständnis vermitteln. Diversität und Einzigartigkeit sind kein systemischer Mangel, sondern Grundvoraussetzung für Kreativität und Innovation. Ich habe von Blinden jedenfalls schon viel übers Hören gelernt und von Taubstummen viel über das Sehen.

Eine interkulturelle und interdisziplinäre Betrachtung der Unterschiede und Verbindungen könnte uns dabei helfen, unseren verschiedenen Denkpfaden auf die Spur zu kommen und einen Atlas der Kreativität zusammenzustellen. Letztlich sollte die ganzheitliche Erkenntnisbündelung aller Elemente des kreativen Fühlens, Handelns und Denkens wohl auch dazu genutzt werden können, die Ursachen von Konflikten dem Grunde nach zu beseitigen.

1E Toyland
Projekt: ESMoA-Experience Stardust
Künstler: Freeters
Material: Mixed Media
2019

2E Halfpipe
Projekt: Freeters, Bosch-Start-up-Campus Grow
Künstler: Michael Sistig
Material: Holz, Metall, Stoff
2016

3E Mut-Board
Projekt: Projekt Plädoyer Atlas
Künstler: Bernhard Zünkeler
Material: Bleistift, Buntstift, Papier
2022

4E Unbeadable
Projekt: Freeters, Guerilla Projekte
Künstler: Freeters
Material: Compostable beets Installation
7 Million pearls and 7000 helping hands
2021

5E Living Archive
Projekt: Project Open
Künstler: Freeters
Material: Stillife Objet-Trouve, Archiv
2019

6E Stripes looking for Stars
Projekt: ESMoA-Experience Stardust
Künstler: Bernhard Zünkeler, Ahmadshah Ahmadi
Material: Mixed Media Leinwand-Intervention
2018

5E

PANINI-TAUSCHBÖRSE
LEUCHTTURM
um 18:00 Uhr, Spritzenplatz 4
Die Parade 14h Expresshallen
1. Mai 2012
ANTIFASCIST
SEA-RESCUE
FERT
NATIONALISMUS
G20 Hamburg 2017
WELCOME TO HELL
HELL
Terror

6E

3

Synergie ist kein Nebenprodukt, sondern die Quelle von Mehrwert.

1D

2D

3D

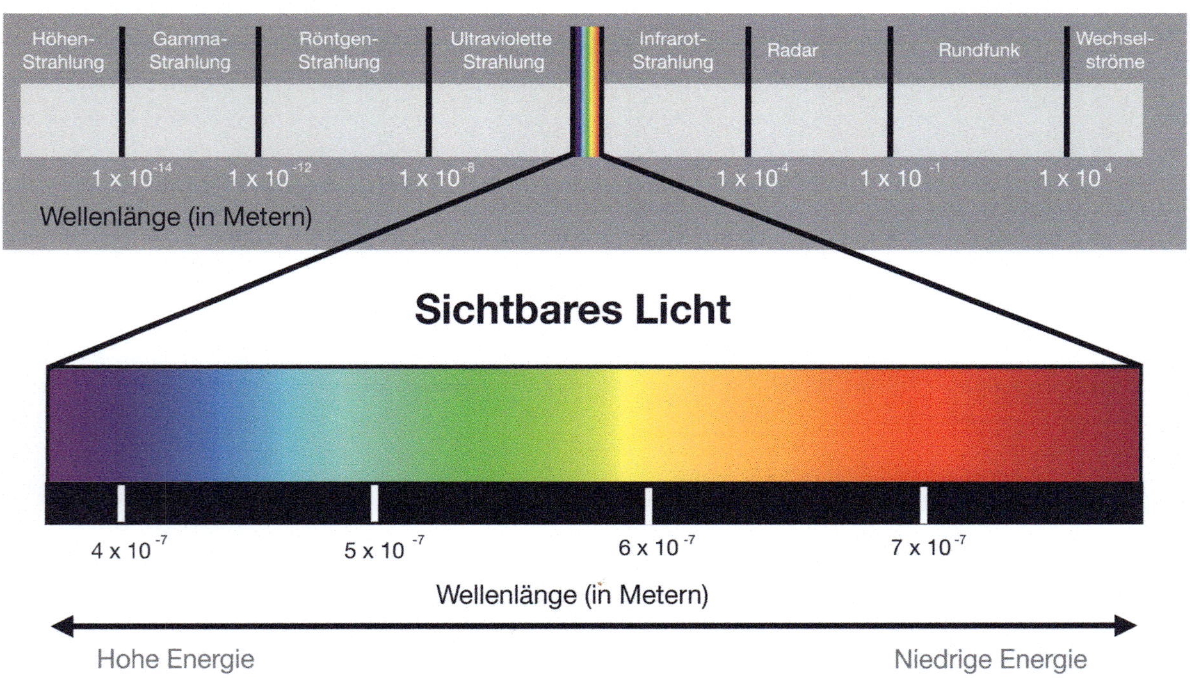
Höhen-Strahlung
Gamma-Strahlung
Röntgen-Strahlung
Ultraviolette Strahlung
Infrarot-Strahlung
Radar
Rundfunk
Wechsel-ströme
1×10^{-14}
1×10^{-12}
1×10^{-8}
1×10^{-4}
1×10^{-1}
1×10^{4}
Wellenlänge (in Metern)
Sichtbares Licht
4×10^{-7}
5×10^{-7}
6×10^{-7}
7×10^{-7}
Wellenlänge (in Metern)
Hohe Energie
Niedrige Energie

Argument 3.

Eng mit dem Thema Diversität ist das Prinzip der Synergie verbunden. Viele diverse Teile können auch viele Synergien entfalten. Doch auch hier habe ich es bislang eher mit einem eingeschränkten Verständnis für die Bedeutung von Synergie zu tun bekommen. Das mag daran liegen, dass in Wirtschaftskreisen nur ganz verwegene Romantiker das Wort Liebe in den Mund nehmen. Aber Synergie bekommt auch im nüchternen Funktionssinn nach meinem Geschmack zu wenig Wertschätzung. Dadurch wird das Leitpotenzial von Synergie für Nachhaltigkeit, Kreativität und Innovation völlig unzureichend berücksichtigt. In der Wirtschaft wird zwar häufig von synergetischen Kräften gesprochen, es wirkt aber so, als seien sie lediglich ein nettes Nebenprodukt. Bei genauerem Hinsehen entpuppt sich, dass sie meist nur als willkommenes Mittel zum Zweck der höheren Effizienz eingesetzt werden sollen. Mit Synergie verbinden die meisten den Effekt, dass ein Einsparungspotenzial aktiviert werden kann. Man kann dieses Verständnis auf folgende Kurzformel bringen: Wenn sich der Aufwand für die Erledigung der gleichen Funktion durch weniger Aufwand, aber der nahezu gleichen Aufgabenerfüllung realisieren lässt, dann verbirgt sich dahinter ein Einsparungspotenzial oder eben, im Sprachjargon von vielen Wirtschaftslenkern, Synergie. Daran ist grundsätzlich nichts auszusetzen. Einsparungspotenziale setzen Energie für die Erledigung anderer Aufgaben frei. Schwierig wird es allerdings, wenn darüber die eigentliche Bedeutung von Synergie vergessen wird.

Synergie ist nicht einfach nur eine Einsparung von Energie, sondern sie ist vor allem auch der Beginn von etwas Neuem. Etwas, was in den Einzelteilen zwar angelegt war, aber erst in der Zusammenführung seine eigentliche Qualität zeigt (*Abbildung 2D.* Wem das zu ernst ist, der kann sich die nicht ganz so ernst gemeinte Synergie zwischen einem zerbrochenen Stuhl und einer zerstörten Schubkarre ansehen). Aristoteles hat als Definition von Synergie diese einprägsame Formel entwickelt: Das Ganze ist mehr als die Summe seiner Teile. Jeder Einzelne von uns ist ein einzigartiges Beispiel für das Zusammenwirken synergetischer Kräfte. Unsere Sinne ergänzen sich auf wundersame Weise, sodass wir, obgleich wir nur einen winzigen Bruchteil der um uns fließenden elektromagnetischen Wellen empfangen und verarbeiten, dennoch in einer sich ständig verändernden Welt überleben können (vgl. *Abbildung 3D*, die einen wundern lässt, mit welchem Selbstverständnis wir uns auf unser Sehen verlassen, wo wir doch nur so wenig sehen können). Aber wir können das Synergieverständnis auf eine noch grundlegendere Stufe bringen.

Die Natur setzt sich geradezu aus Synergieeffekten zusammen. Man könnte Synergie auch als eine Art Grundsatz des Kosmos bezeichnen. Kaum ein Element erscheint uns in seiner Reinform. Stattdessen wurden wir schon sehr früh Profiteure von Synergie. Wasserstoff und Sauerstoff verbinden sich zu Wasser, und dieses Wasser macht einen Großteil unserer ganzen

Existenz aus. Jedes Kind kann die Kraft von Synergie bereits auf einfachstem Weg in seinem Farbkasten austesten. Blau und Rot ergänzen sich zu Violett. Blau und Gelb zu Grün. Rot und Gelb zu Orange. Wir nennen diese Farben dann Komplementärfarben. In Form von Spektralfarben ergänzen sich Komplementärfarben am Ende zu dem, was die meisten von uns als weißes Licht für ihre Orientierung im Leben nutzen. Synergie umgibt uns permanent. Sie macht die Welt für uns zu dem, was sie ist. Ohne sie gäbe es nur nebeneinanderstehende Teilchen, die für sich einen Wert haben, aber erst in der Zusammenführung neue Qualitäten erzeugen. Man könnte Synergie in gewisser Weise damit auch als eigentliche Quelle von Mehrwert bezeichnen. Alles andere erscheint qualitativ eher nur „more of the same".

In jüngerer Zeit wird uns die Bedeutung des unglaublichen Kraftpotenzials von Synergie vor allem auf zweierlei Art vor Augen geführt. Sie begegnet uns inzwischen täglich in Form von Smartphone und Internetportalen. Wir beschreiben Synergie dann meist als Multifunktions- und Skalierungseffekte. Beides hat auf dramatische Art unser Denken verändert. Möglich wurde diese Veränderung vor allem durch zwei Bewusstseinswechsel. Zum einen haben einige Lenker in der Wirtschaft erkannt, dass Einsparungspotenzial eben nicht die Quelle von Mehrwert ist und gerade die Verbindung komplementärer Stärken einen schnellen Mehrwert erbringt. Zum anderen haben wir im Wege der Digitalisierung ein Zeichensystem erfunden, das bezeichnungstechnische Unterschiede überbrückt, sodass die Daten grundsätzlich kombinier- und aggregierfähig werden. Die synergetischen Kräfte dieses Bewusstseinswechsels stehen aber noch ganz am Anfang, vor allem weil wir an den bedeutungsmäßigen Wirkungen über Fach-, National- und natürlichen Wahrnehmungsgrenzen hinweg arbeiten können. Das Smartphone hat die komplementären Stärken von Telefon, Radio, Rekorder, Computer und Kamera bereits jetzt schon auf ungeheure Art zusammengefasst und dabei völlig neue Nutzungsmöglichkeiten entstehen lassen. Fast minütlich kommen neue Nutzungsformate dazu, teilweise fegen sie ganze Branchen weg. Es ist nur eine Frage der Zeit, bis noch gewaltigere Kombinationen über Technologie- und Funktionsgrenzen hinweg Synergieeffekte freisetzen. Die sogenannten single-purpose-gadgets wie die gute alte Uhr, werden dagegen allenfalls noch nostalgischen Wert behalten. Bereits jetzt schon ist abzusehen, dass eher kurz- als langfristig jede Form von Monokultur und Monokausalität ein aussterbendes Modell sein wird. Gerade die komplementären Stärken von virtueller und analoger Welt wird es gelten zusammenzuführen, um echte Mehrwerte für uns alle zu realisieren. Genau deshalb sollten sich zum Beispiel Städte mit verwahrlosten Fußgängerzonen oder Unternehmen mit gefährdetem Produktportfolio genau ansehen, was eigentlich Synergie ausmacht. In der Physik sind Agglomerationseffekte längst bekannt, in unserem täglichen Leben scheinen wir ihr Potenzial aber noch nicht ausreichend erschlossen zu haben.

Die großen Portale des Internets haben gezeigt, welche Kraft in der Gleichgerichtetheit von Interessen liegen kann und wie sie durch die Zusammenführung komplementärer Stärken der Einzelnen nutzbringend wachsen. Leider steht hier vornehmlich der individuelle Verkauf von Produkten im Vordergrund. So gibt es noch einiges zu tun, um die wirklichen Mehrwerte freizulegen. Dabei wird helfen, dass selbst das Internet nur einen Bruchteil

4D

4D

der Vernetzungsmöglichkeiten darstellt, die bereits jetzt das Deep Web bereithält. Und dann werden wir hoffentlich auch lernen, dass Synergie nur dort langfristig existiert, wo sie in Einklang mit Diversität gebracht werden kann. Genau dafür könnte der Atlas der Kreativität einen wichtigen Beitrag leisten, weil es komplementäre Erkenntnisse aus allen Fachbereichen und Kulturen zusammenführen und auf ungeahnte Weise Synergien freisetzen vermag. Letztlich müssen wir verstehen, dass in unserem Kopf ein Lösungsapparat versteckt ist, der nicht einseitig von oben nach unten funktioniert, sondern wie alle Systeme der Natur als Kreislauf angelegt ist.

Ein Atlas der Kreativität müsste so ausgerichtet sein, dass den unterschiedlichen und komplementären Stoffwechsel-, Atmungs-, Immunsystem- und Hormonkreisläufen in uns ebenso Beachtung geschenkt wird wie den unterschiedlichen in uns verhafteten Denkprozessen. Das Zusammenspiel von Bewusstem und Unterbewusstem, von schnellem und langsamem Denken, von Emotion und Ratio, das Verarbeiten von Erinnerungen und Zukunftsstrategien geben viele Anhaltspunkte für die Aufstellung einer solchen ganzheitlichen Zusammenschau komplementärer Strukturen. Gerade die frischen Erkenntnisse zur Neuroplastizität und die Möglichkeiten einer interdisziplinären und interkulturellen Zusammenarbeit werden bei sukzessiver Aufstellung eines Atlassystems Synergien in einem Maße für uns freisetzen können, wie es bisher noch nicht der Fall war.

Nimmt man alle Fakultäten zusammen, die sich derzeit eher getrennt voneinander unserem Denken zuwenden, dann wird das Synergiepotenzial komplementärer Stärken wunderbar zutage treten können. Ich bin sehr neugierig darauf, Erkenntnisse aus Wissenschaft, insbesondere der Physik, Mathematik, Chemie, Biologie, Neurologie, Psychologie und Soziologie, und den ebenfalls forschenden und anwendenden Metiers der Philosophie, Literatur- und Sprachwissenschaften, Ingenieurwesen, Kunst, Musik, Wirtschaft, Sport und Pädagogik gegenüberzustellen und aufeinander wirken zu lassen. Elemente der Kreativität sind überall zu finden, und ihre Eigenschaften können aus verschiedenen Blickwinkel zu einem einheitlichen System verbunden werden. Es erscheint mir jetzt auch nicht mehr ganz so unwahrscheinlich, dass wir, obwohl wir verbotenerweise den Apfel vom Baum der Erkenntnis gegessen haben, vielleicht doch noch zurück ins Paradies finden werden.

5D

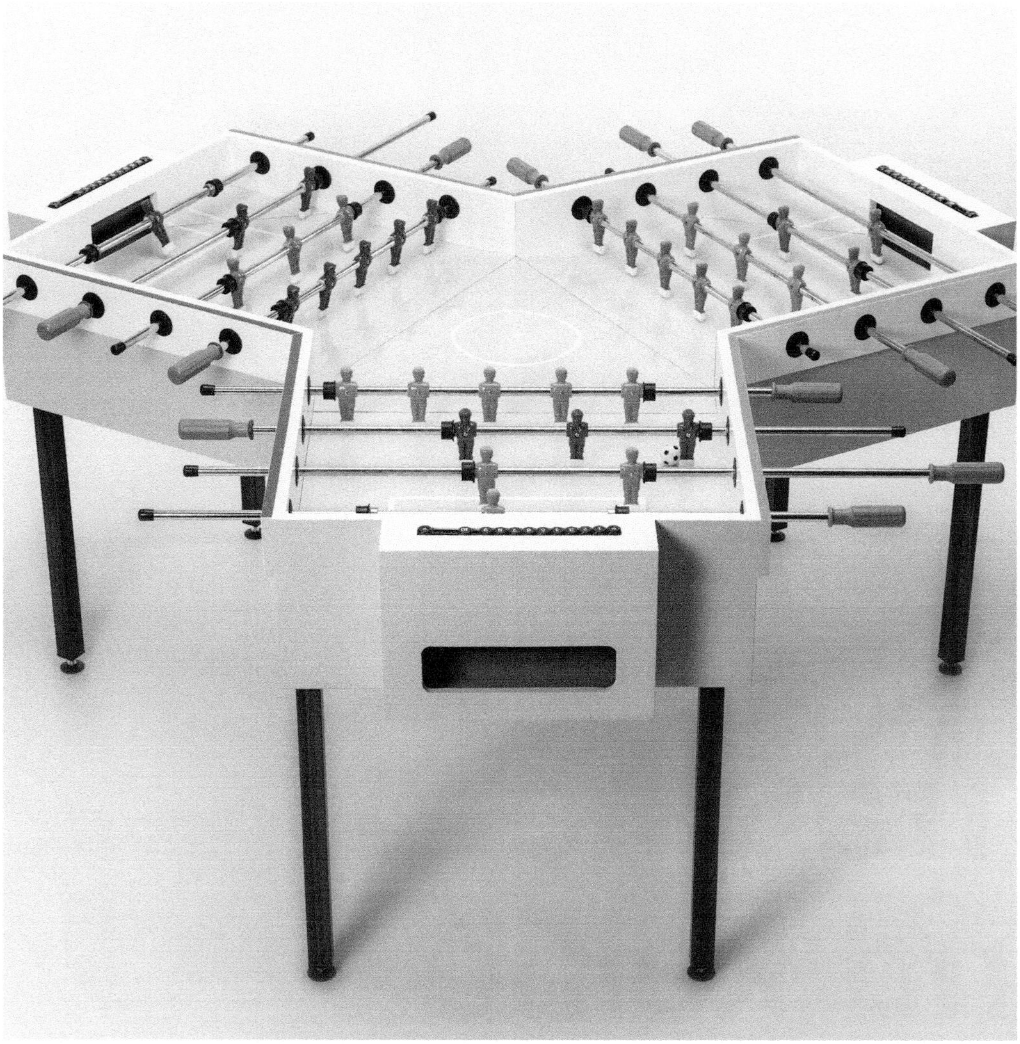

1D Grow-Box
Projekt: Freeters, Bosch-Start-up-Campus Grow
Künstler: Amely Spötzl
Material: Alte Kaugummi-Automaten, Eicheln
2016

2D Roll-Stuhl
Projekt: Freeters, Telekom Headquarters
Künstler: Freeters
Material: Halbe Schubkarre, Zerbrochener Stuhl
2016

3D Sichtbarkeit
Projekt: ESMoA-Experience Stardust
Künstler: Bernhard Zünkeler
Material: Bleistift, Buntstift, Papier
2018

4D Flechtsofa
Projekt: Freeters, Telekom Headquarters
Künstler: Freeters
Material: Alt-Kabelreste, Holzstühle
2016

5D Y-Kicker
Projekt: Freeters, Plant 10.1 Orgatec
Künstler: Ben Beyer
Material: Holz, Kunststoff, Metall
2018

4

Träume sind keine Schlafhüter, sondern Wegbereiter von Realität.

1E

Argument 4.

Träume gehören seit alters her zu den faszinierendsten Inspirationsquellen unseres Denkens und Handelns. Ganze Berufszweige waren damit beschäftigt, das zukünftige Schicksal aus Träumen zu deuten. Selbst höchste Würdenträger, die in vielen Bereichen vernunftbegabt waren, haben sich von Träumen leiten lassen. Träume galten uns Menschen lange als göttliche Botschaften, um Herausforderungen besser bestehen zu können. Bis in die jüngere Vergangenheit haben Träume und Traumdeutungen immer wieder stimulierend auf uns gewirkt. Auch heute noch greifen Werbebotschaften gerne auf den Traum-Urlaub, das Traum-Haus, den Traum-Partner oder das Traum-Auto zurück. Mit Traumbotschaften wird auf unser Verhalten eingewirkt. In seiner Verzweiflung über die fehlenden technischen Analysemöglichkeiten der damaligen Zeit hat der Neuropathologe Sigmund Freud eine besondere Gattung der Traumdeutung mit inspirierender Wirkung aufgemacht. Die methodischen Weiterentwicklungen seines Kollegen Carl Gustav Jung aus der Assoziationspsychologie haben ebenfalls ganz erstaunliche Weichenstellungen für die heutige Zeit erbracht. Dennoch warnen viele davor, sich in Träumen zu vergraben und zu eindringlich mit Traumdeutungen zu beschäftigen. Träume zu spinnen, Fiktionen nachzuhängen und Visionen zu entwickeln, erfüllt die Rationalisten unter uns mit einer gehörigen Portion Skepsis. Oder um mit den Worten eines ehemaligen Bundeskanzlers zu sprechen: Wer Visionen hat, sollte zum Arzt gehen. Man hält halt lieber etwas in der Hand, was man messen kann, als sich auf ein Hirngespinst einzulassen. Noch dazu eines, was als Traum den Schlaf hütet, wie es Freud einmal formuliert hat.

Dabei hätte gerade der verehrte Herr Altbundeskanzler wissen sollen, dass selbst sein Amt einmal als Fiktion begonnen hat. Unser gesamtes Rechtssystem ist auf Fiktionen aufgebaut. Um uns besser zu fühlen, nennen wir sie dort allerdings nicht Visionen oder Hirngespinste, sondern geben ihnen den Terminus technicus Legal-Fiktion. Das klingt auf jeden Fall amtlich und beruhigt den Rationalisten. Es wiegt uns in Sicherheit und lässt uns gut schlafen. Wenn wir wüssten, dass wichtige Säulen unserer Lebenswirklichkeit in Wahrheit nur gemeinsam gelebte Traumvorstellungen sind, die sich jederzeit in Luft auflösen könnten, dann gäbe es bestimmt einen Aufschrei. Dabei werden fast alle Teile unseres Lebensalltags von sogenannten Legal-Fiktionen oder, anders ausgedrückt, von gemeinsamen Tagträumen getragen. Dazu gehören Nationen und Unternehmen genauso wie Geld, Verträge und Renten. Im streng physikalischen Sinne sind sie allesamt nicht vorhanden. Um diesen Träumen mehr Glaubhaftigkeit einzuhauchen, haben wir allerdings jede Menge physikalische Utensilien und körperliche Rituale bereitgestellt, damit sie uns echt und anfassbar vorkommen. Das geht schon sehr lange so. Alle Glaubensgemeinschaften haben früh erkannt, dass Symbole, Zeichen und Reliquien die Vorstellungen der Gemeinden beflügeln und bekräftigen. Auch die heutige Administration ist eine Meisterin dieser „Verdinglichung" und vielleicht erklärt sich damit das Zögern, Administration abzubauen. Eine Urkunde fühlt sich einfach realer an als nur eine virtuelle Aussage. Auch unsere Idee von Geld wurde einmal sehr dinglich unterstützt, damit wir es akzeptieren. Aber was ist aus dieser Idee geworden? Sie hat sich global gesehen vollkommen in virtuelle Luft aufgelöst, und heute behaupten viele, dass sie die Welt und unseren Verstand regiert. So viel zu dem Satz, wer Visionen hat, sollte zum Arzt gehen.

Träume, Fiktionen und Visionen sind letztlich allesamt Instrumente unseres Geistes. Es sind Ideen, die wir brauchen, um unsere Umwelt zu verstehen und letztlich auch, um sie zu gestalten. Das geschieht manchmal sehr bewusst, aber in vielerlei Hinsicht unbewusst. Vielleicht ist das Unbewusste und Ungefilterte das, was uns am authentischsten wiedergibt. Vielleicht glauben auch deshalb noch einige „Spinner" an Träume und Traumdeutungen. In jedem Fall sollten wir die Macht unserer Ideen und ihrer Findung nicht unterschätzen. Sie haben uns immer schon in die Lage versetzt, Realität zu beeinflussen. Manche behaupten gar, es gebe keine objektive Realität, sondern immer nur die eigene Idee von Realität. Gleich wie wir diese Ideenfindungen bezeichnen, ob wir sie Träume, Fiktionen, Visionen oder Fantasien nennen, sie mögen lange in uns schlummern, aber sie sind die tragenden Säulen unseres Realitätsverständnisses. Sie werden permanent mit unseren Erinnerungen abgeglichen und beeinflussen ständig unser Handeln. Letztlich manifestieren sie sich in realen Gegenständen, die ohne sie in der Regel nicht entstanden wären.

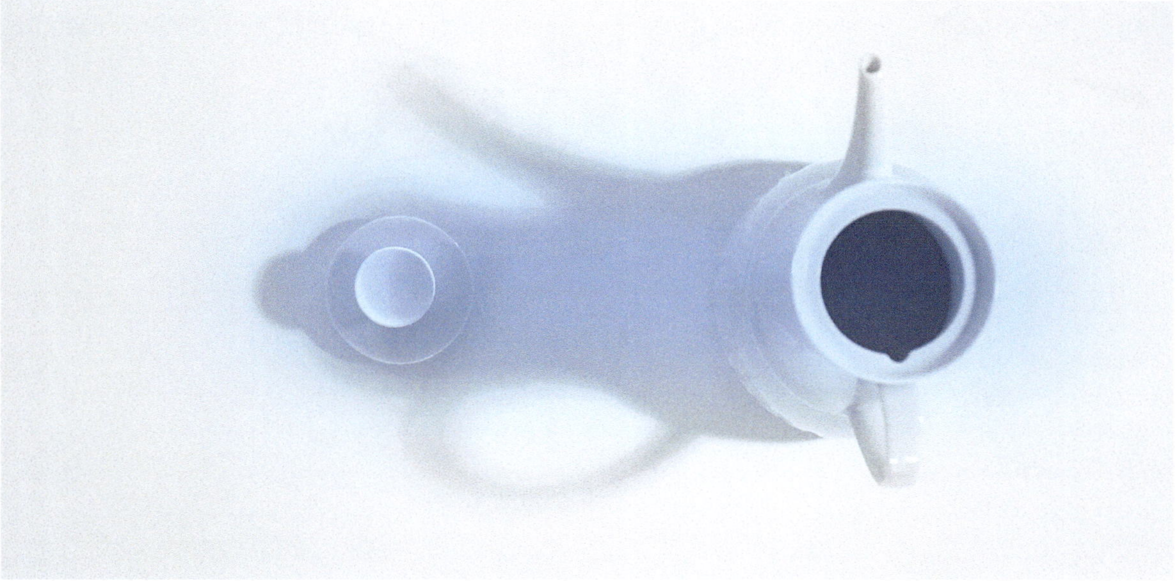

2E

Walt Disney, einem der Gründer der Traumfabrik von Hollywood, wird der Slogan „If you can dream it, you can achieve it" nachgesagt. In Zeiten von nahezu unlimitierten externen Datenspeichern und physikalisch in Form von geprägtem Silicon verfügbaren Traumvorstellungen großer IT-Riesen bekommt diese Aussage ein noch größeres Gewicht. Wir sprechen zuweilen von den Produkten dieser Dream Factory an der amerikanischen Westküste, die eine Weile gebraucht haben und über

3E

das Silicon Valley erst allmählich ins wahre Leben befördert wurden. Wir sehen es bereits deutlich vor uns. Die Welt des Immateriellen und Virtuellen wird reichhaltiger. Gleichzeitig entwickelt sich auch die Teilhabe und damit einhergehenden Nutzungs- und Zugriffsrechte. Es wird noch bunter auf den Wegen von Science-Fiction zur Science-Action. Letztlich haben sie aber immer schon als Grundmotivation existiert. Egal ob Unterseeboot, Mondlandung oder Paradies – vor der Realität kam fast immer der Traum. Ich bin davon überzeugt, dass ein gedankliches Hilfswerkzeug wie ein Atlas der Kreativität dabei helfen kann, die besondere Rolle von Fantasie, Glaube, Hoffnung und Wünschen genauer unter die Lupe zu nehmen und so deren Bedeutung für Wissenschaft, Wirtschaft und Gesellschaft besser zu verstehen. So könnten sie Geburtshilfe bei neuen und zuweilen sehr komplexen, aber nachhaltigen Ideen leisten. Schließlich wäre es schade, wenn Wissenschaft, Technologie und Forschung bei jungen Menschen immer nur als langweilige Realität verstanden wird, in der das wilde Träumen verboten ist.

1E Dreamchair
Projekt: Freeters, Plant 10.1 Orgatec
Künstler: Mirjam Nolte
Material: Kunststoff-Flummis, Alter Holzstuhl
2018

2E Immer-Gerne
Projekt: Freeters, Telekom Headquarters
Künstler: Silke Mattern-Specht
Material: Installationsfotografie
2016

3E Inside sky
Projekt: ESMoA Projekt Plant
Künstler: Amely Spötzl, Bernd Zöllner
Material: Performance-Fotografie
2018

5

Emotionen sind keine Störfaktoren, sondern Sensoren unserer Motivation.

1F

L M K U U
BLAUPUNKT
L M M M M
U BLAUPUNKT M
BLAUPUNKT
BLAUPUNKT
L M M U U

Argument 5.

Persönliche und kollektive Gefühlsbekundungen werden im Wirtschaftsleben sehr argwöhnisch betrachtet – und das ist noch vorsichtig ausgedrückt. Im Alltag sollen sie bewusst ausgeblendet werden. Da wird gearbeitet, nicht gefühlt. Die Risiken unangemessener Gefühlsausbrüche scheinen die Vorteile positiver Gemütsstimmungen aufzuwiegen. Ich frage mich, ob es hier um ein bewusstes Tabu zur Prävention von Übergriffen geht, oder ob es doch eher ein Zeichen für die Ratlosigkeit im Umgang mit Emotionen ist. Allein schon bei der Erwähnung der Worte Angst, Gier, Lust, Ekel und Aggression oder, schlimmer noch, Empfindlichkeit, Einfühlungsvermögen und, ganz schlimm, Zärtlichkeit sträuben sich bei jedem Compliance Officer die Nackenhaare. Das ist Privatsache. Das gehört nicht in den Betrieb und allenfalls als streng abgekapselte Fachdiskussion in die Wirtschaftswelt. Und irgendwie gehören Emotionen auch nicht in die Gesellschaft. Zu viele Fallstricke. Nur wenn es um allgemein bedeutsame Themen wie häusliche Gewalt oder abstruse Bonuszahlungen geht. Ansonsten Emotionen bitte schnell vergessen. Merkwürdig an dieser partiellen Amnesie ist nur die Tatsache, dass man im Gegenzug mehr Leidenschaft vom Führungspersonal einfordert, mit Stolz auf ein emotional anziehendes Produkt blickt und der Kundschaft ein spannendes Storytelling anbieten soll. Emotionen scheinen ein widersprüchliches Reizthema zu sein.

Das macht sie allerdings auch so interessant und wichtig. Emotionen sind nicht wegzudenken, aus keinem Bereich unseres Lebens. In unserem Kopf kreisen sie ständig umeinander. Aus neurologischer Sicht können wir gar nicht genau sagen, was einen emotionalen von einem vernunftbezogenen Gedanken trennt. Ist es erst eine emotionale Regung, wenn es zur Dopaminausschüttung kommt? Selbst Psychologen geraten in Bedrängnis, wenn sie versuchen sollten, einen Patienten nur rational denken zu lassen. Der Künstler Francis Picabia hat nicht umsonst den Satz geprägt, dass unser Kopf rund ist, damit unser Denken die Richtung ändern kann. Und bei diesen Richtungswechseln sollen unsere Emotionen außen vor bleiben?

Gleichwohl: Vernünftig, verständlich und rational klingen nach Wirtschaft. Unvernünftig, unverständlich, irrational und emotional klingen mehr nach Klinikaufenthalt – was sich die irrationale Zahl Pi dabei wohl denken wird. Wahrscheinlich haben wir uns diesen vernunftgetriebenen Denkansatz der Wirtschaft während der Aufklärung angewöhnt. Mit den Fortschritten der industriellen Revolution wurden viele Grundlagen unseres bis heute funktionierenden Wirtschaftssystems gelegt. Der Aufstieg moderner Wissenschaften hat sein Übriges für den Siegeszug materiell orientierter kontinentaleuropäischer Rationalisten getan. Einen etwas anderen Zugang fand man in angelsächsisch geprägten Kreisen der Empiristen. Vielleicht wurde die größere Offenherzigkeit dort aber auch

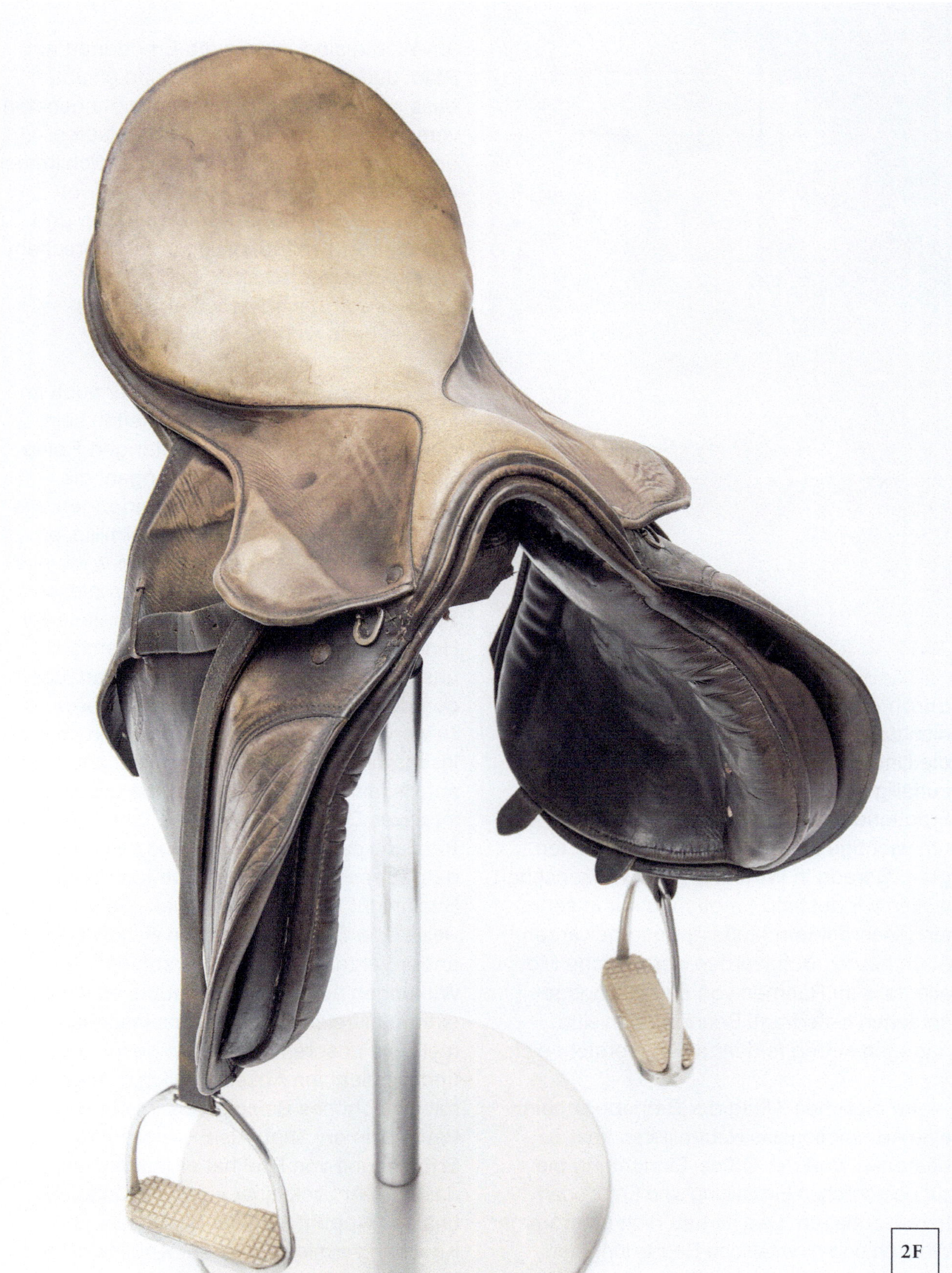

2F

3F

durch den Pioniergeist ihrer amerikanischen Kollegen begünstigt. Letztlich sind die Unterschiede inzwischen weniger auffällig. Wir haben uns überall angewöhnt, Emotionen hintenanzustellen, wenn es um wichtige Entscheidungen und Fakten geht. Gerade in Wirtschaft und Wissenschaft wollen wir deshalb Emotionen nur in sehr eingeschränktem Maße Zugang gewähren. Auch heute noch werden persönliche Motive allenfalls im Rahmen von Einstellungsgesprächen hinterfragt. Beurteilungen sind dagegen streng faktenbasiert, versteht sich.

Im täglichen Alltag der Betriebe scheint eine Art emotionales Neutralitätsprimat zu bestehen. Von der Office-Einrichtung bis zur persönlichen Einstellung sind Emotionen herauszuhalten. Das ist natürlich ein frommer Wunsch und eine falsche Beurteilung der tatsächlichen Sachlage. Da wo Menschen am Werke sind, sind auch Emotionen am Start. Jeder, der das verneint und glaubt, dass selbst gerichtliche Entscheidungen rein vernunftgesteuert und objektiv ablaufen, unterliegt einer kognitiven Illusion. Schlimmer noch. Die künstliche Beschränkung von sinnlich wahrnehmbaren Realitäten und emotionaler Unterdrückung der entsprechenden Gemütslage schafft kognitive Dissonanzen, die erhebliche Leistungsmängel nach sich ziehen können.

Emotionen sollten daher immer auch im Fokus unserer geistigen Fähigkeiten sein. Sie stehen am Anfang einer langen Reihe von geistigen Weiterentwicklungen, die über die ersten Grundentscheidungen wie „flight, fight or friend“ über die Jahrmillionen weiterentwickelt wurden und ein wertvolles Mitentscheidungskriterium bei komplexen Sachlagen darstellen können. In vielerlei Hinsicht wirken sie als Filter und Sensorik unserer Motivation. Wir tun gut daran, uns gerade der unbewussten Prozesse bewusst zu werden. Daniel Kahnemann hat in seinem lesenswerten Buch „Thinking, fast and slow“ auf vielfältige Weise gezeigt, wie unser intuitives Denken funktioniert. Eine strikte Trennung nach emotionalen und vernunftgetriebenen Gedanken habe ich diesem Buch nicht entnehmen können. Dafür aber vieles über Denkprozesse, die sich miteinander verzahnen und unterschiedliche Wirkungen auslösen. Ich glaube, es wäre extrem hilfreich, wenn wir uns insgesamt mehr mit unseren Emotionen beschäftigen und sie nicht ins Abseits stellen. Kahnemann hat ein schönes Beispiel des Psychologen Paul Rozin erwähnt: Als Experte für die Erforschung von Ekel hat er festgestellt, dass der Anblick einer einzigen Kakerlake uns den Appetit auf eine Schüssel mit Kirschen vermiest, aber der Anblick einer Kirsche uns dagegen in keiner Weise beim

Anblick einer Schüssel voller Kakerlaken berührt. Ein gewagtes Beispiel, aber ich hoffe, es zeigt, dass wir uns einfach viel zu wenig bewusst darüber sind, wie uns der sogenannte Verstand ständig Streiche spielt und Gefühle andererseits sehr sachdienlich sind. Emotionen können eben auch ein guter Gradmesser sein. Ich plädiere allein schon aus diesem Grund für die Entwicklung eines ganzheitlichen Atlas der Kreativität. Ich sehe hier eine wichtige Chance, alle Säulen unseres Denkens gleichberechtigt zu betrachten und eben nicht einzelne Bereiche auf ein Abstellgleis zu schieben. Vielleicht schaffen wir es auf diese Weise auch, die Trennung von rechter und linker Gehirnhälfte, von Vernunft und Emotion zu überwinden. Unser Gehirn lässt immer alles gleichzeitig ablaufen, mir ist nicht klar, warum wir das künstlich trennen sollten. Vor allem nicht, wenn nur eine ganzheitliche Sicht wirklich neue Erkenntnisse bringen würde.

1F Delikate Balance
Projekt: Freeters, Bosch-Start-up-Campus Grow
Künstler: Bernd Zöllner
Material: Fotografie auf Papier
2016

2F Long way from Home
Projekt: Freeters, Detecon Move
Künstler: Klaus Hann
Material: Alter Sattel, Beschädigter Barstuhl
2017

3F Keep Smiling
Projekt: Freeters-Guerilla-Projects
Künstler: Bernhard Zünkeler
Material: Fotografie Object trouve, IC-Rücksitzansicht
2016

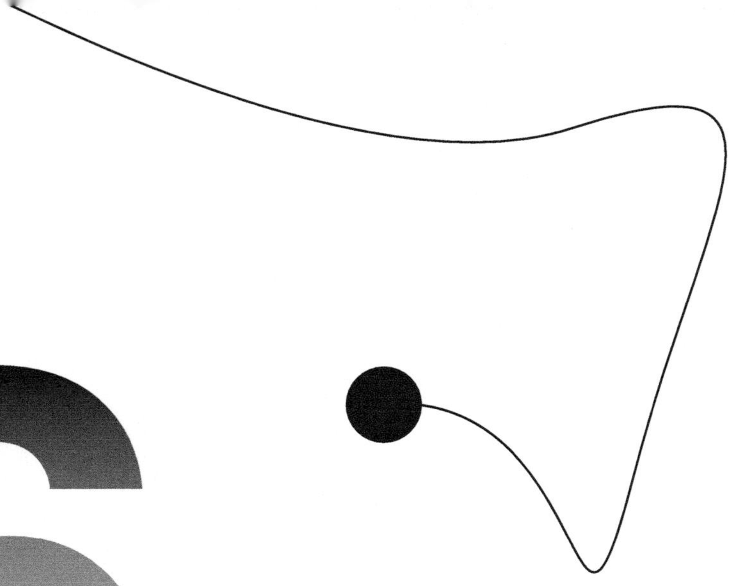

6

Innovation wird mit Akribie nicht planbarer, aber mit Leichtigkeit bestimmt machbarer.

1G

3 4 5
11
12

Argument 6.

Damit wären wir bei einem weiteren Missverständnis in Wirtschaft und Verwaltung angelangt. Wir halten unbeirrt daran fest, dass alles mit logischen Schritten planbar sein muss. Und alles, was sich diesem Planungswunsch nicht unterordnet, macht sich gleich verdächtig. Besonders verdächtig ist deshalb alles Neue, weil es im bisherigen Planungskanon eben nicht vorkommt. Dazu gehören natürlich vor allem Innovationen. Schließlich sind Innovationen, wenn sie den Namen verdienen, praktisch von Geburt an mit einem gewissen Planungsmanko ausgestattet. Wie soll man etwas planen, das vorher noch nicht existiert hat? Und vor allem, wie soll ich es planen, wenn ich mit großer Wahrscheinlichkeit davon ausgehen muss, dass bereits die Planung der Innovation vielerlei Widerstände in ihrem Umfeld auslösen wird?

Statt mit Verständnis reagieren wir bei derart unsicherem Terrain wie Innovationen mit einem noch größeren Planungsbedürfnis. Schließlich können Planungsraster und Kontrollmuster einem das Gefühl von Sicherheit und Steuerungsgewissheit geben. Das dahinterstehende Prinzip ist einfach: Wir erhöhen als Reaktion auf ein unbekanntes Ereignis die Frequenz und den Kraftaufwand bezogen auf ein bekanntes Mittel. Das ist in etwa das gleiche Reaktionsmuster, das wir zeigen, wenn wir auf eine ansonsten offene, jetzt aber unerwartet verschlossene Tür treffen. Wir rütteln in diesem Fall verstärkt an der Klinke und drücken gegen die verschlossene Tür. Das Muster kennt jeder. Wenn wir merken, dass sich die Tür nicht mit bekannten Methoden öffnet, geht erst die eigentliche Arbeit los. Wir legen uns eine Suchstrategie für den Schlüssel zurecht. Wir erkundigen uns nach spontanen Helfern. Wir versuchen, Fehlerquellen bei der Öffnung auszuschließen und neue Öffnungsmethoden zu eruieren. Soweit dieses vereinfachte Alltagsbeispiel.

Natürlich will ich damit den wertvollen Beitrag, den Checklisten und Planungsraster leisten können, nicht lächerlich machen. Besonders innovative Projekte bedürfen auch einer besonderen Planung. Ich will mit diesem provokativen Beispiel einfach davor warnen, Innovation mit Planungsfetischismus zu begegnen. Wir sollten uns vor allem darüber im Klaren sein, dass eine hundertprozentige Planfestschreibung rein mathematisch nur dann Sinn ergibt, wenn alle Faktoren mit hinreichender Wahrscheinlichkeit eingehalten werden können. Sollte das nicht der Fall sein – was bei Innovationen so gut wie nie der Fall ist –, sollten wir lieber auf andere Hilfsmethoden setzen. Strategische Überlegungen mit empirischen Ermessensspielräumen zum Beispiel. In weiten Teilen der Softwareprogrammierung gehen wir inzwischen genau diese Wege. Erstaunlicherweise erlebe ich aber in Wirtschaft und Politik nach wie vor das genaue Gegenteil. Wir neigen dazu, gerade in unübersichtlichen Situationen noch genauer planen und kontrollieren zu wollen. Vielleicht werden deshalb gerade besondere Vorhaben entweder ins Unendliche verzögert oder überhaupt nicht realisiert. Genau das können wir uns in Anbetracht der anstehenden

Herausforderungen aber nicht leisten. Wir brauchen mehr als nur einen Plan und mehr als akribische Planung, um hier weiterzukommen. Letztlich geht es bei Innovationen ums Machen, Machen und nochmal Machen. Mit all unserem Denken, all unseren Sinnen. Aber wir lernen ja noch. Ich gehe jedenfalls jede Wette ein, dass ein „gebauter" Prototyp den Venture-Capitalisten der US-Westküste zehnmal mehr wert ist als ein akribischer Plan.

Zudem stehen wir bei der Überwindung von Innovationshindernissen, seien sie physischer oder psychologischer Natur, mit Logik, Konsequenz und Sorgfalt nicht allein. Unser Gehirn hat uns mit einer Vielzahl von Kreativelementen ausgestattet, um Neues zu erfinden und zu fertigen. Ich glaube, dass vermeintlich leichte Elemente wie Spontaneität und Humor für die Realisierung von großen Projekten mindestens so wichtig sind wie viele der gravitätisch daherkommenden Elemente wie Logik und Beharrlichkeit. Nach meiner Erfahrung geht ohne Empathie und Kooperationsbereitschaft überhaupt nichts. Wir sind in vielen Fällen derart auf Kontrolle und den Blick in den Rückspiegel vergangener Projekte fixiert, dass wir vergessen, durch die Windschutzscheibe zu schauen und der momentanen Realität ins Auge zu sehen. Ich habe es oft erlebt, dass das Festhalten an Bauplänen höhergestellt wird als die tatsächliche Situation auf dem Bau. Das führt zu Verkrampfungen, zu Unehrlichkeit und zu Fehlern, die zuweilen nicht mehr oder nur mit sehr hohem Aufwand zu revidieren sind. Innovationen lassen sich eben nicht

beliebig mit Akribie in ihrer Eintrittswahrscheinlichkeit erhöhen. Im Gegenteil: Ich kann aus meiner Erfahrung sagen, dass eine gewisse Leichtigkeit und Unverkrampftheit immer helfen, um sich gegenseitig zuzuhören und aufeinander zu achten, wenn jederzeit etwas Unvorhergesehenes passieren kann. Gerade an dieser Stelle ist der Zusammenhang unserer Kreativfähigkeiten aus Spontaneität, Improvisationsvermögen und Imagination eine wichtige Stellschraube – und Humor das perfekte Entkrampfungsmittel.

Hinter all diesen Überlegungen stehen in der Psychologie bekannte Muster unseres Denkens. In der Kunst ist das Thema Innovation auch keine Unbekannte, sondern willkommene Inspirationsquelle samt aller spontanen Hindernisse. Aus meiner jüngsten Projektarbeit mit dem Production Designer und zweifachen Oscar-Preisträger Rick Carter („Avatar", „Lincoln") weiß ich, dass man vor Beginn der Dreharbeiten zu „Jurassic Park" noch nicht einmal wusste, wie die Dinosaurier auf die Leinwand kommen würden. Nur das beherzte Vertrauen in die eigenen Improvisationsfähigkeiten hat dafür gesorgt, dass man den Mut hatte, vollkommenes Neuland der Filmgeschichte zu betreten. Aber dieses Beispiel ist natürlich kein Einzelfall. Es gibt bereits unzählige Methoden und Techniken, wie wir Innovationen erreichen und auch umsetzen können. Was noch zu fehlen scheint, ist eine konsolidierte Kraftaktion, diese Erkenntnisse zusammenzutragen und sie denjenigen zur Verfügung zu stellen, die mit den notwendigen Innovationen für eine nachhaltige Zukunft befasst sind. Auch hier kann ein Atlas der Kreativität ein Hilfsmodell sein, das allseits Vertrauen schafft, weil es die verschiedenen Wechselwirkungen aus Angst und Abwehr, Mut, Glaube, Hoffnung und Willensstärke sowie Sorgfalt, Logik und Disziplin mit Improvisation, Humor und Empathie und vielem mehr zusammenbringt. Und das sind nur einige der in uns arbeitenden Kreativelemente unseres Denkens. Das wird sicherlich noch einige Arbeit machen, hier Licht ins Dunkel zu bringen. Doch die Aufgaben, die vor uns liegen, lohnen sich der Mühe.

1G Lucky Duck
Projekt: Projekt Plädoyer Atlas
Künstler: Bernd Zöllner
Material: Fotografie
2022

2G Hauptrolle
Projekt: Freeters, Telekom Headquarters
Künstler: Silke Mattern-Specht
Material: Alter Stuhl, Stoff, Stickerei
2016

3G Der Plan
Projekt: Projekt Plädoyer Atlas
Künstler: Bernhard Zünkeler
Material: Buntstift, Bleistift, Papier
2022

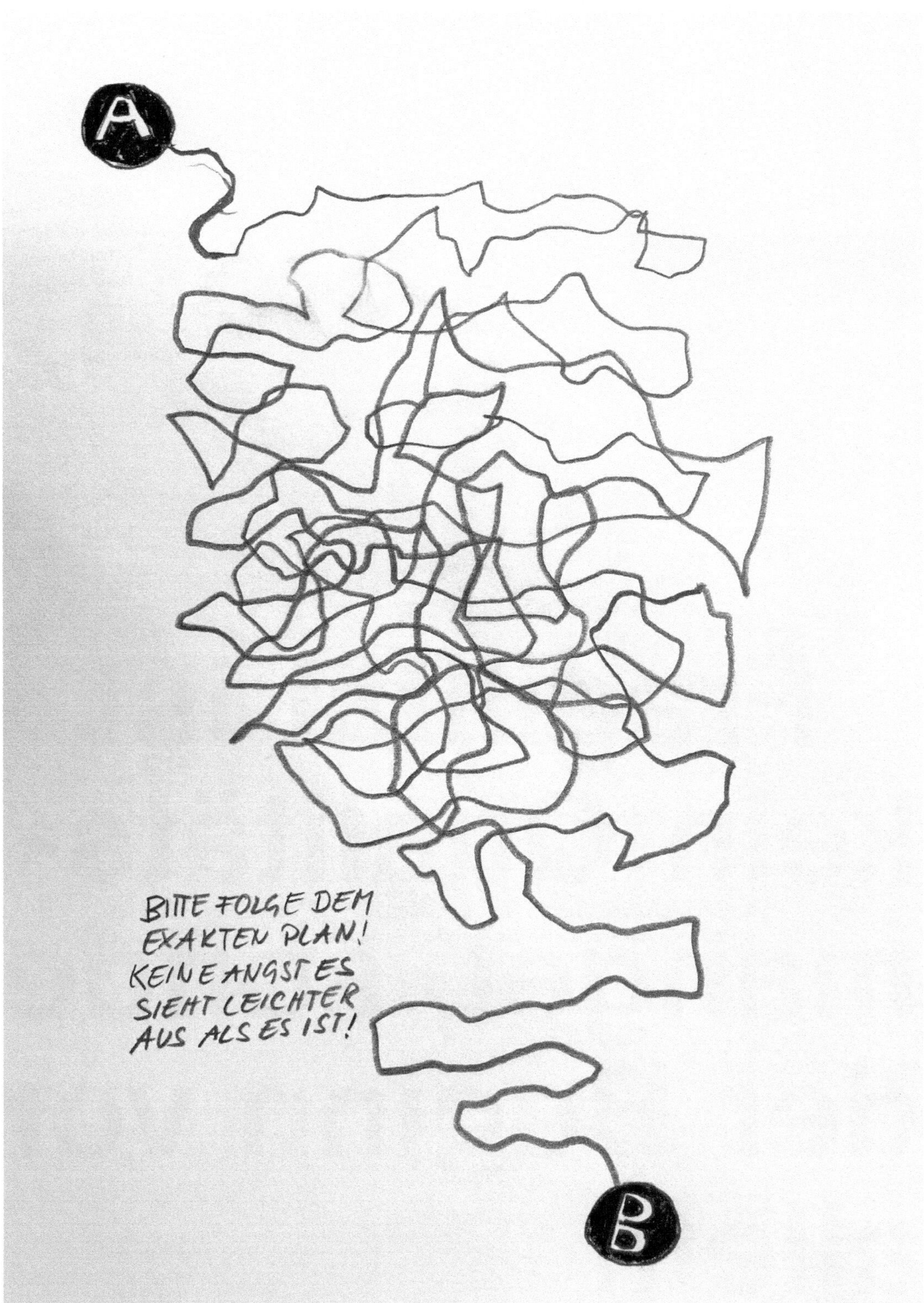
A
B
BITTE FOLGE DEM EXAKTEN PLAN! KEINE ANGST ES SIEHT LEICHTER AUS ALS ES IST!

3G

Argument

7

Fragilität ist kein Qualitätsmangel, sondern der Beginn von allem Nachhaltigen.

1H

Argument 7.

Bei einigen ist sie von Natur aus besonders ausgeprägt, andere haben sie erst entwickelt: eine große Affinität dazu, alles Kleine, Junge und Zerbrechliche zu schützen. Uns ist klar, dass ein Setzling eine Weile im Garten wachsen muss, bevor er ein starker Baum wird. Einem jungen Welpen begegnen wir mit besonderer Fürsorge, kleine Kinder erwecken in uns einen Beschützerinstinkt. Jeder kann beliebig viele Beispiele nennen, die diese besondere Achtsamkeit in uns wecken. Wir werden fast automatisch sensibler, wenn wir fragile Aufgaben übernehmen. Man könnte auch sagen, Verletzbarkeit und Fragilität schärft unsere Sinne. Als Übung in einem meiner Workshops lasse ich hin und wieder die Teilnehmer ein rohes Ei mit Schmirgelpapier bearbeiten. Danach ist jede Diskussion über Feinheiten eines Projektes eine andere.

Gleichwohl scheint diese persönliche Affinität in der Wirtschaft und in weiten Teilen der Gesellschaft verloren gegangen zu sein. Ein robustes Auftreten ist Trumpf. Spaßeshalber behaupte ich daher auch immer, dass ich erst bei der Ausübung des Anwaltsberufes gelernt habe, dass eine knackige Behauptung fast immer erfolgreicher ist als ein schlapper Beweis. Eine besondere Durchschlagskraft wird von jeder neuen Idee gefordert. Und das gleich von Anfang an, damit sie sich im Haifischbecken der Konkurrenz behaupten kann. So scheint es jedenfalls. Robustheit ist Trumpf. Fragilität eher ein Mangel.

Dabei blenden wir aus, dass das Große so gut wie immer ganz klein anfängt (vgl. *Abbildung 2H.* Dort kannst du sehen wie sich aus dem Samenkorn einer Stockrose inzwischen eine wilde Vorgartenanlage aus dem Nichts in viele Hamburger Bürgersteigritzen ausgebreitet hat). Wir vergessen, dass das Kleine, was einmal groß werden will, in aller Regel zerbrechlich, empfindlich und geschmeidig sein muss. Nur so kann es verhindern, vorschnell als Gefangener seiner eigenen Geburtskonstruktion zu enden. Wir klammern uns stattdessen an den Irrglauben, dass etwas möglichst robust sein muss, um wirklich ernst genommen zu werden. Ein Vergleich mit der Natur und mit sämtlichen kulturellen Entwicklungen lehrt einen etwas anderes. Gerade Empfindlichkeit, Empfindsamkeit, Flexibilität, Adaptionsfähigkeit und Schnelligkeit stehen am Anfang von wirklich nachhaltigen Entwicklungen. Das Zeigen von Verletzbarkeit ist der ultimative Vertrauensbeweis für lange Kooperationen. Robustheit und Festigkeit sollten einen eher misstrauisch machen. Unser Irrglaube ist vor allem heutzutage unsachgemäß. Auch die großen Weltkonzerne Google, Microsoft, Apple, Meta oder Amazon haben vor nicht allzu langer Zeit allesamt an einem kleinen Garagentisch angefangen. Etwas Ähnliches gilt übrigens auch für die Riesen Bosch, Mercedes und Siemens, die sich zu ihrer Zeit an kleinen Werkbänken gründeten.

In vielerlei Hinsicht haben wir uns angewöhnt, augenscheinliche Nachteile der Fragilität auszublenden und nicht zu erkennen, dass hier in der Regel der Keim

2H

der Antifragilität verborgen ist. Die Natur als Langzeitprojekt lässt nur Dinge überdauern, die antifragil sind, also durch Belastung und Beanspruchung sukzessiv gestärkt werden. Wo diese Grenze von Fragilität und Antifragilität verläuft, gilt es noch auszuforschen. Allein deshalb sollten wir Kleinem, Zerbrechlichem und Zartem auch in der Wirtschaft mehr Aufmerksamkeit zukommen lassen. Ein Atlas kann diese gegenintuitiven Erwägungen wunderbar miteinbeziehen. Damit werden letztlich auch Kreativität und Innovation auf einen wirklich nachhaltigen Kurs gebracht. Wenn wir die Augen für die Fragilität verschließen, schaffen wir es auch nicht, langanhaltende Wirkungen in natürliche Zyklen und Kreisläufe einzubeziehen.

1H Delikate Balance
Projekt: Freeters Projekt Telekom Headquarters
Künstler: Freeters
Material: Alte Medizinbälle, Leuchtmittel, Restholz
2016

2H No-Space-Vorgarten
Projekt: Nachbarschafts Public-Art Projekte
Künstler: Ahmadscha Ahmadi
Material: Fotografie, Objet trouve Stockrosen
2019

3H Langzeitwirkung
Projekt: Artist-in-Residence-Programm ESMoA
Künstler: Amely Spötzl, Michael Sistig, So Young Park
Material: Expedition Sequoia National Park
Kooperation Beyond the surface
2022

3H

Die Aufgabe

Klingt alles gut und schön, meinst du?
Wenn auch etwas viel und verwirrend?
Und was schließen wir aus all dem?

Erstens: Kreativität und Innovation können durch Nachhaltigkeit eine sinnhafte Richtung gegeben werden. Dafür muss Nachhaltigkeit darauf angelegt sein, dass wir unser langfristiges Handeln in Einklang mit den Zyklen der Natur bringen. Hierzu bietet die Entwicklungsgeschichte unseres Hirns eine wunderbare Landkarte, um die kreativen Elemente und unterschiedlichen Denkpfade nachzuzeichnen, die uns seit Beginn des Homosapiens befähigt haben, uns an die Natur und die vielen unvorhersehbaren Ereignisse anzupassen.

Zweitens: Im Wirtschaftsleben fällt auf, dass die Einbringung vieler dieser Kreativelemente fast einen Tabubruch bedeutet. Wir lassen viele Chancen an uns vorbeiziehen, weil allein schon das Verständnis von Kreativität, Diversität, Synergie, Träumen, Emotionen, Innovation und Fragilität sehr eingeschränkt ist. Im gesellschaftlichen Kontext sind sie aber oft entscheidend für das Schicksal von Kollektivgemeinschaften und im persönlichen Kontext überhaupt nicht wegzudenken.

Drittens: In der Wirtschaft nehmen wir uns zu selten selbst als ganzheitliches Phänomen wahr. Unsere körperlichen und geistigen Grundlagen stehen isoliert nebeneinander. Dadurch werden wesentliche Grundlagen der Leistungsfähigkeit ausgeklammert oder allenfalls als Nebenthema berücksichtigt. Zusammenhängen, die im privaten als unerlässlich für die Lebensausrichtung gelten, wird im Wirtschaftskontext eher eine geringe Bedeutung beigemessen. Wechselwirkungen von Immunsystem, Atmung, Angst und Verzweiflung spielen ebenso wenig eine Rolle wie Empathie, Liebe, Schönheit oder Zärtlichkeit. Dabei spielt sich immer alles gleichzeitig ab: individuelle und kollektive Vorgänge, egal ob im wirtschaftlichen, gesellschaftlichen oder familiären Kontext. Unser Hirn ist deutlich älter als die aktuellen Kontexte, in denen wir uns gerade befinden. Um wahrhaft nachhaltig zu sein, lohnt es sich zu schauen, wie Wirkzusammenhänge über den Tagestrend hinaus geschehen.

Viertens: Das ist die große Verantwortung unserer Generation am Scheideweg, und die Konstruktion eines ganzheitlichen Atlas der Kreativität mit all ihren Pathways könnte hier einen wertvollen Beitrag leisten.

Daher mache ich mich morgen gleich an die Arbeit und heiße dich hoffentlich bald herzlich willkommen auf dieser Baustelle! – Wenn Du magst, schau dir auf *www.juicygray.de/atlas* an, wie es auch für dich weitergehen kann.

1i

1i Multiple Views
Projekt: Freeters Projekt Plant 10.1 Orgatec
Künstler: Rafael Hildebrandt
Material: Alte Messebestuhlung zum Sofa montiert
2018

Herausgeber:
Dr. Bernhard Zünkeler
Studio Hamburg

Verlag:
brand eins Medien AG
Friesenweg 4 (Haus 1-3)
22763 Hamburg
verlag@brandeins.de

Texte:
Bernhard Zünkeler

Layout und Satz:
Otto Felber

Lektorat:
Lydia Gless

Fotos:
Ahmadshah Ahmadi (Bild: Stripes looking for Stars)
Bernd Zöllner (alle übrigen Fotos)

Herzlichen Dank an das Kollektiv *Freeters*:
Rita Baus, Florian Benet, Ben Beyer, Ingrid Blessing,
Pasquale Demeco, Sandra Freygarten,
Johannes Hess, Rafael Hilfebrandt, Sebastian Keller,
Silke Mattern-Specht, Mirjam Nolte,
Frowin Schweer, Michael Sistig, Amely Spötzl, Roman Thomas
Und das *ESMoA* Team:
Barbara Böhm, Holly Crawford, Brett Sheridan und Eugenia Torre

Herzlichen Dank auch an Holger Volland für seine Ermutigungen
und wertvollen Hinweise.

www.juicygray.de/atlas

ISBN 978-3-949712-12-8

Juicy
Gray